하루쯤 옛 도시 여행

경주·안동·공주·부여·김해 특별하게 여행하기

이학균 지음

디스커버리미디어

작가의 말
그곳에 가면

그곳에 가면……. 남아있는 것보다 사라진 것이 더 많다. 발길이 닿는 곳, 눈길이 머무는 곳마다 삶의 흔적이 가득하다. 속도와 방향이 중요하지 않다. 그냥 느리게 걸으면 보인다. 누구와 함께여도 좋고, 혼자라도 괜찮다. 한 번으로 부족할지 모른다. 기회가 될 때마다 자주 가면 더 좋겠다. 똑 같은 것인 것 같은데 볼 때마다 깊이가 다른 매력이 찾아온다. 처음엔 귀하고 아름다운 것을 보고, 다음엔 눈으로 볼 수 있는 것만 보아도, 어느 순간부터 작은 바람도 귀하게 여겨지고, 텅 빈 흔적마저 고맙고 눈물겹다. 이미 추억이 있는 사람이나 이제 막 추억을 만드는 사람이나 이곳에서는 누구나 주인공이다. 평범한 사람들의 발자국이 오늘의 이 도시들을 지켰다.

2021년 따뜻한 봄날
이학균

목차
Content

작가의 말 3

Part 1
Intro
〈하루쯤 옛 도시 여행〉 사용 설명서 12
옛 도시의 세계문화유산 14

Part 2
경주

경주 여행지도 26
경주 미리 알기 28
경주 버킷리스트 & 포토 스폿 32

경주 명소
첨성대 36
대릉원 38
황리단길 40
동궁과 월지(안압지) 42
경주국립박물관 44
교촌마을 46
월정교 48
계림 49
월성(반월성) 50
분황사 51
황룡사지 52
경주 오릉 53

포석정 54
삼릉숲 55
중앙시장 야시장 56
금장대 57
황성공원 58
김유신장군묘 59
태종무열왕릉 60
화랑의 언덕 61
경주 남산 62
불국사 64
석굴암 66
경주 동궁원 68
보문단지 69

경주테디베어박물관 70
한국대중음악박물관 71
경주세계문화엑스포공원 72
블루원워터파크 73
원성왕릉(괘릉) 74
신라역사과학관 75
골굴사 76
감은사지 77
대왕암 78
양남주상절리 79
양동마을 80
옥산서원 82

경주 맛집
987피자 84
별채반교동쌈밥 85
경주원조콩국 86
숙영식당 87
명동쫄면 87
금성관 88
반도불갈비식당 88
교리김밥 89
남정부일기사식당 90
삼릉고향손칼국수 91
맷돌순두부찌개 91
산죽한정식 92
골목횟집 92

경주 카페
한성미인 93
망원동티라미수 94
카페 봄날 95

커피플레이스 노동점 95
경주 황남빵 96
어마무시 97
슈만과 클라라 98
소나무정원 99
카페바담 100
백년찻집 101
스타트커피 102
이스트앵글 베이커리카페 103

경주 숙소
황남관한옥호텔 104
월암재 104
서악서원 105
도봉서당 105
경주한옥펜션 106
라궁 106
노벨라펜션 107
힐튼호텔경주 107
라한셀렉트경주 108
소노벨경주 108
베니키아 스위스로젠 109
스위트호텔경주 109
별그린펜션 110
아트인티아라펜션 110
산죽마을한옥호텔 111
종오정 112
만송정 112
해비치펜션 113
독락당 113

Part 3
안동

안동 여행지도 116
안동 미리 알기 118
안동 버킷리스트 & 포토 스폿 122

안동 명소
하회마을 124
하회별신굿 탈놀이 126
병산서원 127
월영교 128
석빙고 129
선성현객사 129
안동민속촌 130
안동민속박물관 130
유교랜드 131
허브마을 온뜨레피움 131
낙강물길공원 132
임청각 133
신세동 벽화마을 134
학봉종택 135
봉정사 136
안동군자마을 138
유교문화박물관 139
도산서원 140
퇴계종택 141
노송정 고택의 퇴계태실 142
이육사문학관 143
고산정 144
농암종택 145
권정생 어린이문학관(권정생 동화 나라) 146
의성김씨 종택 147
묵계종택 148

안동 맛집·카페
일직식당 150
거창숯불갈비 151
까치구멍집 헛제사밥 151
옥야식당 152
골목안손국수 152
말콥버거 153
안동화련 154
카페 라이프 155
맘모스베이커리 156
카페 세븐스트릿 157
달그림자 158

안동 숙소
락고재 158
구름에 159
안동리첼호텔 159
안동파크관광호텔 160
안동호텔 160
임청각 161
치암고택 161
학봉종택 162
경당종택 162
지례예술촌 163
농암종택 163

Part 4
공주

공주 여행지도 166
공주 미리 알기 168
공주 버킷리스트 172

공주 명소
공산성 174
무령왕릉과 송산리 고분군 176
국립공주박물관 178
중동성당 179
황새바위성지 180
석장리선사유적지 181
갑사 182
동학사 183
마곡사 184

공주 맛집
시장정육점식당 185
명성불고기 185
청양분식 186
맛깔 186
고가네칼국수 187
곰골식당 187
진흥각 188
중동오뎅집 188
황해도 전통손만두국 189
태화식당 189

공주 카페·숙소
라루체 190
베이커리 밤마을 191
바흐 192
루치아의 뜰 193
미세스피베리 193
프로비던스 194
금강관광호텔 194
공주한옥마을 195

Part 5
부여

부여 여행지도 198
부여 미리 알기 200
부여 버킷리스트 204

부여 명소
궁남지 206
국립부여박물관 207
부소산성과 낙화암 208
백마강 210
정림사지 211
신동엽문학관 212
능산리고분군 213
백제문화단지 214
성흥산성과 사랑나무 216
금사리 성당 217
무량사 218

부여 맛집
백제의 집 219
서동한우 220
본가석갈비 220
구드래돌쌈밥 221
나루터식당 222
장원막국수 222
돌식당 223
시골통닭 223
삼호식당 224

부여 카페·숙소
사바랭 225
at 267 226
G340 226
카페 하품 227
백제향 228
Q카페 228
합송리 994 229
롯데리조트부여 230
만수산 자연휴양림 230
부여 전통한옥펜션 231

Part 6
김해

김해 여행지도 234
김해 미리 알기 236
김해 버킷리스트 240

김해 명소
봉하마을 242
김수로왕릉 243
김해한옥체험관 244
봉황대공원 245
대성동고분군 246
국립김해박물관 247
구지봉 248
연지공원 249
김해천문대 250
신어산 은하사 251
클레이아크 김해미술관 252
김해분청도자박물관 253
장유 율하 카페거리 254

김해 맛집
다랑부산면옥당 255
부원닭발 255
동상시장 칼국수 256
한일뒷고기 256

밀양돼지국밥 257
국보숯불불장어구이 257
흥부네화덕 258
신라가든 259
화포메기국 259
대동할매국수 260

김해 카페·숙소
폴인커피 260
그랑바 261
커피산책 2호점 262
달카페 262
메리고라운드 263
Stay896 263
김해한옥체험관 264
아이스퀘어호텔 264
파인그로브호텔 265
김해천문대펜션 265

Index
찾아보기 266

Part 1
INTRO

〈하루쯤 옛 도시 여행〉 사용 설명서
옛 도시의 세계문화유산

〈하루쯤 옛 도시 여행〉 사용 설명서

INTRO

유용한 정보만 쏙쏙! 〈하루쯤 옛 도시 여행〉 100% 활용법

〈하루쯤 옛 도시 여행〉 100% 활용법을 안내합니다. 도시별 여행 지도는 본문에 나오는 장소를 다 담으면서도 보기 편하고 알아보기 쉽게 만들었습니다. 요즘 뜨는 명소, 맛집, 카페, 포토 스폿이 궁금하다면 도시별 버킷리스트를 펼쳐보세요. 옛 도시가 품은 세계문화유산을 총정리하고 싶으세요? 그렇다면 책 앞쪽의 인트로 지면을 참고해주세요. 아무쪼록 여러분의 고도 여행이 특별해지길 기원합니다.

① 도시별 여행 지도, 당신의 개인 가이드입니다

경주, 안동, 공주, 부여, 김해 여행 지도를 각 도시 섹션 맨 앞에 독립적으로 구성했습니다. 책에 나오는 모든 명소와 맛집, 카페, 숙소 위치를 표기해 놓았습니다. 명소와 맛집, 카페, 숙소 아이콘도 함께 표시해 즉각적으로 장소의 성격을 알 수 있습니다. 또한 맛집에는 무슨 음식점인지 금방 알 수 있도록 대표 음식을 표기했습니다. 도시별 지도는 당신의 똑똑한 여행 가이드입니다.

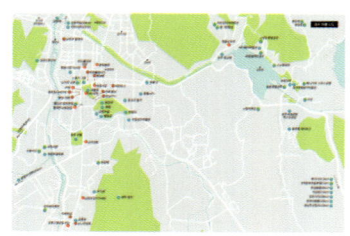

② 도시별 미리 알기, 아는 만큼 즐길 수 있어요

아는 만큼 보인다는 말이 있죠. 요즘엔 이 말을 더 발전시켜 아는 만큼 여행한다, 아는 만큼 즐긴다고 곧잘 표현하죠. 경주든, 안동이든, 도시 정보를 사전에 알고 싶다면 '미리 알기' 지면을 펼쳐보세요. 도시의 역사, 도시가 품은 감성과 스토리, 대표 명소와 음식 정보까지 안내합니다. 읽으면 더 좋겠지만, 천천히 넘기며 사진만 보아도 그 도시가 어느새 당신 안에 들어와 있을 겁니다.

③ 도시별 버킷리스트, 꼭 가야 할 핫 스폿만 골랐어요

여기도 가야 하고, 이 음식도 먹고 싶고, 그 카페는 뷰가 끝내준 다는데……. 여행하다 보면 가고 싶고 먹고 싶은 게 너무 많죠. 문제는 시간이죠. 그래서 준비했습니다. 도시별로 꼭 가야 할 핫 스폿만 골랐습니다. 꼭 가야 할 명소, 한창 인기가 좋은 맛집과 카페, 요즘 SNS에 떠오르는 포토 스폿이 궁금하다면 버킷리스트 지면을 찾아보세요. 당신을 위한 맞춤 스폿이 펼쳐집니다.

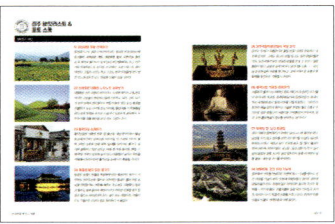

④ 도시별 명소 + One More와 Special Tip

〈하루쯤 옛 도시 여행〉은 경주, 안동, 공주, 부여, 김해의 주요 명소를 빠짐없이 담았습니다. 각 명소의 특징과 매력, 주소와 전화번호뿐만 아니라 운영시간과 입장료, 버스 정보까지 디테일하게 안내합니다. 여기서 끝이 아닙니다. One More와 Special Tip도 주목해주세요. 더 입체적이고, 더 깊이 즐길 수 있도록 명소에 얽힌 스토리와 인물 이야기를 추가로 들려드립니다. 읽는 재미도 쏠쏠합니다.

⑤ 여행을 더 특별하게 해주는 맛집·카페·숙소 대방출

여행의 즐거움의 반은 먹는 것이죠. 경주의 쌈밥·교리김밥·황남빵, 안동의 헛제삿밥·간고등어·국시·한우 골목……. 〈하루쯤 옛 도시 여행〉은 독자의 여행이 더 특별해지길 기대하며 도시별 대표 맛집을 빠짐없이 담았습니다. 그뿐이 아닙니다. 멋진 카페에서 여유를 즐기고 싶은가요? 걱정하지 마세요. 분위기·전망·디저트까지 훌륭한 카페를 골라 담았습니다. 멋지고 편안한 숙소 정보도 알찹니다.

⑥ 옛 도시가 품은 세계문화유산 총정리

불국사·석굴암·경주역사유적지구·하회마을·병산서원·봉정사·백제역사유적지구……. 옛 도시는 그 자체로 야외 박물관이지만, 동시에 세계문화유산의 도시입니다. 경주든, 안동이든, 공주든, 부여든, 조금 심하게 말하면 밟히는 게 세계문화유산입니다. 〈하루쯤 옛 도시 여행〉은 책 앞쪽 '인트로' 지면에 옛 도시가 품은 세계문화유산을 독립해서 안내합니다. 글과 사진으로 우리의 자랑인 세계유산을 더 깊게 만날 수 있습니다.

02 옛 도시의 세계문화유산
INTRO

우리의 고도, 세계문화유산을 품다
유네스코는 인간의 창조성으로 빚은 걸작과 인류가 공감하는 탁월한 보편적 가치를 지닌 건축과 유적에 세계문화유산의 명예를 안겨준다. 불국사, 석굴암, 하회마을, 병산서원, 백제역사유적지구……. 경주, 안동, 공주, 부여는 그 자체로 세계문화유산의 도시이다. 옛 도시가 품은 세계문화유산을 차례로 소개한다.

01 석굴암 경주

8세기 불교 조각의 최고 걸작

1995년 세계문화유산에 등재되었다. 석굴암과 불국사는 신라 시대에 만들어진 고대 불교 유적이다. 석굴암은 불상을 모신 석굴이며, 불국사는 사찰 건축물이다. 석굴암은 토함산 남동쪽 비탈에서 동해를 바라보고 있다. 경덕왕 때인 751년에 재상 김대성이 짓기 시작해 혜공왕 때인 774년에 완공됐다. 석굴암은 화강암으로 만들었다. 돌벽에 39개 불상을 조각하고, 돔 중앙에 본존불인 석가모니 불상을 모셨다. 본존불의 높이는 3.45m로, 연꽃 모양으로 조각한 화강암 좌대 위에 엷은 미소를 띤 채 아주 평온한 모습으로 앉아 있다. 본존불이 평온한 표정을 지은 까닭은 석굴암이 부처가 깨달음을 얻는 순간을 표현했기 때문이다. 신라인들은 단단한 돌에 영혼을 불어넣어 부처의 절대 평온의 세계를 구현했다. 본존불 앞에 서면 실제로 돌에 숨결을 불어넣은 듯 신비롭고 평화로운 기운이 석굴을 가득 채우고 있다. 유네스코의 평가대로 석굴암은 8세기 동아시아 불교 조각의 최고 걸작이다.

02 불국사 경주

현세에 세운 부처의 나라

불국사는 신라인이 꿈꾼 이상향, 즉 부처의 나라를 현세에 구현한 최고 불교 건축물이다. 신라인은, 신라가 곧 부처의 나라라고 믿었다. 그래서 절 이름도 불국사라고 지었다. 불국사는 석단 위에 있다. 석단은 일종의 경계이다. 석단 아래는 인간 세상이고, 석단 위는 부처의 세계이다. 청운교와 백운교, 연화교와 칠보교가 인간을 부처의 세계로 인도한다. 부처의 나라는 크게 세 구역이다. 석가모니불이 있는 대웅전 구역은 지금 우리가 사는 세계이고, 비로자나불을 모신 비로전 구역은 진리의 세계이다. 그리고 아미타불을 모신 극락전 구역은 낙원이다. 대웅전 마당엔 다보탑과 석가탑이 있다. 다보탑은 석가모니가 영취산에서 설법할 때 감탄하여 땅에서 솟은 탑이다. 석가탑은 이름처럼 석가모니를 상징한다. 인간 세계에서 부처의 세계로 연결해주는 다리와 대웅전 마당의 두 탑은 모두 화강암을 쪼아 만들었다. 단단한 돌로 만들었으나 석굴암만큼이나 예술성과 조형미, 균형미가 돋보인다. 1966년 석가탑에서 세계에서 가장 오래된 6.2m에 이르는 두루마리 목판 인쇄 경전 무구정광대다라니경이 나왔다.

03 경주역사유적지구

도시 전체가 야외 박물관이다

월성지구, 고분 공원지구, 남산지구, 황룡사지구, 산성지구. 2000년에 등재된 경주역사유적지구는 다섯 구역인데, 석굴암과 불국사를 제외한 경주의 신라 유적이 대부분 포함된다. 월성지구는 황룡사지, 계림, 동궁과 월지, 첨성대가 대표적인 유산이다. 고분 공원지구는 대릉원과 금관총과 봉황대가 있는 노서·노동 고분군, 태종무열왕릉이 있는 서악동 고분군을 포함한다. 남산지구는 경주 남산의 수많은 불교 유적을 품고 있다. 황룡사지구는 황룡사지를 말하고, 산성지구의 대표 유산은 경주 동쪽에 있는 명활산성이다. 경주역사유적지구에는 탑, 절터, 천문대, 궁궐지, 왕릉, 불상, 산성 등 신라의 불교 유적과 생활 유적이 집중돼있다. 7~10세기 유적이 많으며 이들 유적은 1000년이 넘는 세월을 견디며 신라인의 뛰어난 예술성과 과학기술, 그리고 정신세계를 증거하고 있다. 경주는 세계문화유산의 도시답게 시내 전체가 야외 박물관이라고 해도 지나치지 않다. 특히 첨성대와 대릉원, 동궁과 월지, 황룡사지는 여행자의 발길이 끊이지 않는다.

©경주시청_권보경

04 경주 양동마을

조선 시대의 생활이 그곳에 있다

2010년 안동 하회마을과 함께 세계문화유산에 등재되었다. 경주 시내에서 북동쪽으로 약 20km 떨어진 씨족 마을로, 조선 시대 양반마을의 전형을 보여준다. 현재 월성손씨 40여 가구와 여강이씨 70여 가구가 살고 있다. 조선 초의 문신이자 월성손씨의 시조인 손소1433~1484가 이주한 후, 여강이씨 이번1463~1500이 손소의 딸과 결혼하여 이곳에 정착하면서 500년 동안 두 씨족이 마을이 이끌어 왔다. 양동마을이 배출한 대표 인물은 종선 중기의 문신 이언적1491~1553이다. 그는 양동마을에 있는 외가 월성 손 씨의 집 서백당에서 태어났다. 그는 예조판서·형조판서·좌찬성 등을 지냈다. 그는 조선 유교 철학의 핵심인 주리론에서 기氣보다 이理를 중시하는 주리적 성리학을 주장했다. 그의 논리는 훗날 이황이 계승하여 영남학파 성리학을 이끌었다. 그는 조선의 5현김굉필, 정여창, 조광조, 이언적, 이황으로 추앙받고 있다. 유네스코는 조선 초기의 가옥과 마을 구조, 씨족과 양반 문화, 종가와 제사를 비롯한 정신문화까지 잘 보존하고 있는 점을 높이 평가하였다.

05 옥산서원 경주

인재를 키우고, 정신문화를 만들다

이언적을 기리는 서원으로, 안동의 도산과 병산서원, 영주의 소수서원, 논산의 돈암서원, 정읍의 무성서원 등 8개 서원과 더불어 2019년 세계문화유산에 등재되었다. 양동마을에서 서쪽으로 11km 거리에 있다. 1574년 선조로부터 '옥산서원'이라는 이름을 하사받았다. 서원은 16~17세기에 절정을 이룬 지방 사립 교육기관이다. 세계에 대한 이해와 인의예지를 바탕으로 이상적 인간형을 만들기 위해 애쓴 곳이다. 교육, 학문과 경전 연구, 학문 계보 잇기, 선현 기리기 등으로 조선의 정신문화에 큰 영향을 끼쳤다. 유네스코는 서원을 성리학 교육기관으로 높게 평가하였다. 아울러 출입문·강당·기숙사·강의실·사당으로 이어지는 구조의 통일성, 흙·나무·돌 등 자연에서 얻은 자재의 사용 등에서 보이는 진정성과 보편적 가치도 높게 평가하였다. 옥산서원에 가면 김정희, 이산해, 한석봉의 글씨를 한자리에서 감상할 수 있다. 옥산서원에서 북쪽으로 13분 거리에 이언적이 학문에 빠져 지낸 별장 독락당이 있다. 양동마을의 일부라 독락당도 세계문화유산이다.

06 하회마을 안동

조선 시대로 떠나는 시간 여행

하회마을과 경주 양동마을과 더불어 2010년 세계문화유산에 등재되었다. 우리나라의 대표적인 씨족 마을로, 조선 초기의 촌락 형태를 여전히 유지하고 있다. 유교 사회 씨족 마을의 대표적 요소인 종가와 양반 가옥·정자·서원이 그대로 있으며, 평민이 살았던 흙집과 초가도 대부분 원형 그대로 보존하고 있다. 하회마을은 고려 시대 말에 허 씨와 안 씨, 그리고 류 씨 등 세 씨족이 마을을 이루어 살았으나 17세기 말에 허 씨와 안 씨 일가가 마을을 떠나면서 류 씨 단독의 씨족 마을이 되었다. 하회마을은 서애 류성룡1542~1607이 태어난 곳이다. 그는 임진왜란을 수습한 뒤 낙향하여 임진왜란의 원인과 전황을 기록한 〈징비록〉국보 제132호를 집필하였다. 이중환은 〈택리지〉에서 하회를 안동의 최고 마을이라 평했다. 낙동강이 'S'자로 흐르는 풍수지리적인 형태도 흥미롭지만, 기와집과 초가의 조화가 절묘하여 산책하는 재미가 쏠쏠하다. 마을 입구에서 귀여운 전동차를 대여하면 좀 더 편하게 마을을 돌아볼 수 있다. 하회마을에 가면 하회별신굿 탈놀이 공연도 감상해보자.

07 병산서원 안동

만대루에 펼쳐지는 7폭 산수화

병산서원은 소수서원, 도산서원, 도동서원, 옥산서원과 더불어 조선 5대 서원으로 불린다. 고려 중기부터 지금의 풍산읍에 있던 풍악서당을 선조 5년 1572년 류성룡이 현재 자리로 옮기면서 병산서원이라 불렀다. 병산서원은 강당, 강의실, 기숙사, 도서관, 제사 공간 등 서원의 필수 건축물을 완벽하게 갖추고 있다. 2019년, 유네스코는 병산서원의 성리학 교육을 위한 교육 체계와 건축 구조, 이상적인 인간을 기르고자 하는 교육 철학, 그리고 서원과 주변 경관과의 조화를 높게 평가하여 소수서원, 도산서원, 옥산서원 등 8개 서원과 더불어 세계문화유산에 등재하였다. 병산서원은 하회마을에서 약 4km 떨어져 있다. 하회마을과 가까워 같이 둘러보기 좋다. 세계문화유산에 함께 오른 다른 서원도 건축과 주변 경관이 아름답지만, 그중에서 첫손에 꼽으라면 단언컨대 병산서원이다. 특히 병산서원 마당에서 만대루와 병산, 낙동강을 한 프레임에 넣고 바라보는 풍경이 절경이다. 많은 사람이 이 풍경을 보기 위해 병산서원을 찾는다. 사계절 모두 아름답지만, 병산에 울긋불긋 단풍이 드는 가을에 특히 아름답다.

08 봉정사 안동

가장 오래된 목조건축을 품다

봉정사는 안동시 서후면 천등산 기슭에 있는 지은 지 1300년이 넘은 고찰이다. 안동 시내에서 북서쪽으로 약 15km 떨어져 있다. 2018년 통도사, 부석사, 봉정사, 법주사, 마곡사, 선암사, 대흥사와 더불어 '산사, 한국의 산지 승원'으로 세계문화유산에 등재되었다. 봉정사는 우리나라에서 가장 오래된 목조 건축물을 보유하고 있다. 국보 제15호인 봉정사 극락전이다. 50년 전까지만 해도 부석사 무량수전, 수덕사 대웅전 순으로 오래된 건축으로 알고 있었으나, 1972년 해체 복원하는 과정에서 발견한 상량문이 우리나라 목조건축사를 바꾸어 놓았다. 상량문에는 봉정사는 신라 문무왕 때 창건했고, 극락전을 1363년에 고쳤다고 적혀 있었다. 일반으로 목조 건물은 100~150년마다 수리를 하는 것으로 미루어 극락전을 처음 지은 시기는 1200년대로 추정할 수 있다. 이로써 부석사 무량수전보다는 몇십 년, 수덕사 대웅전보다는 100년 안팎 앞서는 것으로 확인되었다. 나이는 극락전이 앞서지만, 건축미는 봉정사 대웅전이 더 뛰어나다. 무생물인데도 학이 날개를 펼친 것처럼 우아하고 기품이 흐른다.

09 도산서원 안동

조선 지성사의 중심

도산서원은 퇴계 이황1501~1570의 학문과 덕, 선비정신을 기리는 서원이다. 안동 시내에서 북동쪽으로 자동차로 35분 거리에 있다. 2019년 소수서원, 남계서원, 옥산서원, 필암서원, 도동서원, 병산서원, 무성서원, 돈암서원과 더불어 세계문화유산에 등재되었다. 퇴계 이황은 조선의 지성과 찰학사에서 가장 큰 봉우리이다. 그는 주희의 이기이원론理氣二元論을 발전시켜 '동방의 주자'로 불린다. 그는 이사단, 인·의·예·지를 인간의 본성으로 보아 기칠정, 기쁨·화남·슬픔·두려움·사랑·악함·욕심보다 중요하게 여겼다. '이'를 '기'보다 중심에 둔다고 하여 이황의 철학을 주리론이라 부른다. 이황의 제자 류성룡, 김성일, 정구 등이 주리론을 계승해 영남학파를 이루었다. 도산서원은 도산서당에서 출발했다. 그는 정치에서 물러나 1561년 3칸짜리 소박한 집을 짓고 후학을 가르쳤다. 1574년 그의 제자들이 스승의 삼년상을 치른 뒤 도산서당 뒤편에 사당과 강의실, 기숙사 등을 짓고 도산서원이라 이름 지었다. 서원 현판은 선조의 명으로 한석봉이 쓴 것이다. 시인 이육사가 퇴계의 14대손이다.

⑩ 백제역사유적지구

공주·부여·익산

화려하지만 사치스럽지 않다

2015년 세계문화유산에 등재된 백제역사유적지구는 공주, 부여, 익산의 8개 고고학 유적지로 이루어져 있다. 공주의 공산성과 송산리 고분군, 부여의 관북리 왕궁지·부소산성·정림사지·능산리 고분군과 부여 나성 그리고 익산의 왕궁리 유적과 미륵사지이다. 이들 유적은 475년~660년 사이의 백제 왕국의 역사를 보여주고 있다. 백제역사유적지구는 중국의 도시계획 원칙, 건축 기술, 예술, 종교를 주체적으로 수용하여 백제화한 증거를 보여주며, 백제의 고급문화를 일본 및 동아시아로 전파한 사실을 증언하고 있다. 검이불루 화이불치儉而不陋 華而不侈. "검소하지만 누추하지 않았고 화려하지만 사치스럽지 않았다." 백제문화를 이보다 더 잘 표현하기란 쉽지 않다. 공산성, 정림사지 석탑, 왕의 정원 궁남지, 익산의 미륵사지 석탑……. 세 도시가 품은 유적은 검소하지만 누추하지 않다. 검소하되 여유가 넘치고 기품이 흐른다. 무령왕릉에서 쏟아져 나온 수많은 유물, 능산리 절터에서 나온 백제금동대향로도 마찬가지다. 화려하지만 사치스럽지 않다. 오히려 은은하고 우아하다. 백제의 문화유산은, 백제를 닮았다.

⑪ **마곡사** 공주

택리지가 꼽은 길지 중의 길지

2018년 통도사, 부석사, 봉정사, 법주사, 선암사, 대흥사와 더불어 유네스코 세계문화유산에 등재되었다. 유네스코는, 한국 사찰은 불교적 가치가 구현된 성역이자, 창건 이래 오늘날까지 수행과 신앙생활이 이루어지는 승가 공동체이며, 더불어 다양한 토착 신앙을 포용하고 있다고 평가했다. 유형과 무형의 문화적 전통을 지속하여 이어오고 있으며, 울력을 수행의 한 부분으로 여겨 차밭과 채소밭을 경영하고 있는 점도 높이 평가했다.

마곡사는 금북정맥차령산맥이 지나는 공주 사곡면의 무성산 아래에 있다. 산이 높지는 않지만, 봉우리가 겹겹이 둘러싸고 있어서 예로부터 길지로 꼽혔다. 조선 후기의 인문 지리학자 이중환은 그의 저서 〈택리지〉에서 마곡사를 십승지 가운데 하나로 꼽았다. 마곡사는 우리나라에 3개뿐인 2층 법당 중의 하나인 대웅보전을 품고 있다. 마곡사는 민족의 스승 김구 선생과 인연이 깊다. 명성황후를 시해한 일본 장교를 죽인 김구 선생이 일본 경찰을 피해 승려가 되어 3년 동안 숨어 지냈다. 해방 후 마곡사를 찾은 김구 선생이 심은 향나무 한그루가 응진전 옆에서 아름답게 자라고 있다.

Part 2
경주

여행 지도 | 경주 미리 알기 | 버킷리스트
핫스폿 | 맛집·카페 | 호텔·펜션·고택

 ## 경주 미리 알기

언제나 옳고, 언제나 새로운 마성의 고도
유네스코 세계유산의 도시, 도시 전체가 야외 박물관인 고도,
핫 스폿 황리단길, 유채와 벚꽃과 핑크뮬리의 도시…….
경주는 자신의 매력을 한꺼번에 보여주지 않는다. 그래서 경주는 언제나 옳고,
언제나 새롭다. 경주는 마성의 매력을 갖춘 늘 신선한 고도이다.

©경주시청_김재현

1000년 전의 세계 4대 글로벌 도시

지금부터 약 1200여 년 전, 경주는 중국 당나라의 장안지금의 시안, 사라센제국의 바그다드, 동로마의 콘스탄티노플현 이스탄불과 함께 세계 4대 도시였다. 일연이 지은 〈삼국유사〉에 의하면 신라가 가장 번성했던 8~9세기엔 경주에 약 17만 8936호가 있었다. 1호의 가족 수를 4명으로 가정하면 약 70만 명, 5명으로 계산하면 약 90만 명이다. 하지만 일부에서는 17만 호를 인구 수로 보는 게 합리적이라고 말하기도 한다. 무엇이 옳든 조선 시대 후기 한양의 인구가 20만 명이었던 것과 비교하면 당시 경주의 규모를 짐작할 수 있다. 게다가 왕궁과 사찰에 금으로 칠한 저택이 35채나 있었다고 하니, 경주는 화려한 황금의 도시였다.

경주는 기원전 37년에 신라BC 57~AD 935의 시조인 박혁거세가 금성을 축조한 이후 자비 마립간 12년469년에 시가지를 구획하면서 계획도시로 성장하였다. 경주는 약 1000년 동안 신라의 정치, 사회, 문화, 경제의 중심지였다. 원래 이름은 계림, 서라벌이었으나 고려 초부터 지금처럼 경주로 불렸다.

왕릉의 도시, 하이라이트는 단연 대릉원

한 나라의 수도로 1000여 년의 세월을 이어왔다는 것은 곧 그곳의 모든 것들이 역사이며 문화재라는 뜻이다. 경주는 그야말로 도시 자체가 박물관이다. 경주는 석굴암과 불국사, 경주역사유적지구, 양동마을 등 유네스코 세계문화유산을 세 개나 보유하고 있다. 국보는 33개, 보물 88개이다. 사적과 명승, 중요무형문화재는 100개 남짓이다. 경주에서는 시선을 살짝 돌려도 또 다른 유적지를 만날 수 있다. 그래서 경주에 들어서면 어디서부터, 무엇을 봐야 할지 행복한 고민에 빠지게 된다.

경주는 누가 뭐래도 왕릉의 도시다. 경주에는 55기의 신라 시대 왕릉이 있으며, 그 왕족과 귀족의 능까지 합치면 경주 시내에만 약 150여 기가 있다. 그중에서도 하이라이트는 단연 대릉원이다. 20여 개 능이 있는데, 특히 남북 길이 120m에 높이가 23m인 황남대총이 압권이다. 두 개의 봉분이 잇닿아 있어 표주박을 엎어놓은 듯한 모양이다. 자작나무 껍질에 그린 천마도가 나온 천마총과 미추왕릉도 유명하다. 어디 이뿐이랴. 대릉원 후문 쪽으로 가면 봉황대를 비롯한 노동리 고분군과 금관총이 발굴된 노서리 고분군이 불쑥 솟아있다. 이 능을 지나면 또 다른 능이 나타나는 것이 마치 첩첩산중 봉우리를 보는 것 같다. 고분들은 주택가와 상가에 바로 인접해 있다. 경주는 산 자와 죽은 자의 공간이 공존하는 독특한 도시이다.

절은 별처럼 총총하고, 탑은 기러기 날 듯 줄지었다

경주는 또한 절과 탑의 도시다. 삼국유사에 "절들은 별처럼 총총히 세워졌고 층층의 탑들은 기러기 날 듯이 줄지었다."라고 적고 있다. 진흥왕 14년553년부터 짓기 시작하여, 완전한 모습을 갖추기까지 200여 년의 시간이 걸린 황룡사, 황룡사와 이웃하고 있는 사찰로 신라의 대표적 고승인 원효와 자장이 머물렀던 분황사, 그리고 설명이 필요 없는 불국사와 석굴암 등이 지금도 별처럼 자신의 존재를 알리고 있다. 절이 있으면 그 안에 반드시 탑이 있었다. 이 중에서 황룡사9층목탑이 단연 압권이었다. 높이는 무려 80m, 현대기술로도 복원하기 쉽지 않은 거대 건축물이었다. 벽돌처럼 돌을 잘라 만든 분황사 석탑, 불국사 대웅전의 양 날개인 다보탑과 석가탑, 감은사지3층석탑……. 기러기 날듯이 줄지어 선 모습이 상상만으로도 환상적이다.

"남산을 보지 않고 신라를 안다고 할 수 없다."

경주 남산은 그야말로 산속에 세워진 또 하나의 신라, 또는 불국토이다. 수없이 많은 절터, 유적, 탑이 골짜기와 능선을 따라 들어서 있다. 화강암을 쪼아 부처를 새기고, 평평한 둔덕마다 탑을 세우고, 이보다 넓은 터에는 절을 세웠다. 석불좌상, 마애불상, 반가상……. 못생기고 서툴러 보이지만 하나같이 소박하고 정감이 가 쉬이 발길을 돌릴 수 없다. 이 불상들을 보고 있노라면 왜 이곳이 또 하나의 신라인지 저절로 느끼게 된다.

이외에도 경주는 볼 것 천지다. 능과 절과 탑만 보았다면 당신은 경주의 반만 본 것이다. 낮보다 밤이 더 아름다운 동궁과 월지, 사진 명소로 떠오른 월정교, 유채와 핑크뮬리가 아름다운 첨성대 옆 꽃밭, '노블레스 오블리주'의 본보기를 보여주는 교촌마을의 최씨고택, 신라탄생의 역사를 간직한 비밀스럽고 신령스러운 계림, 요즘 핫스폿으로 떠오른 황리단길, 한국 전통 마을의 전형을 보여주는 양동마을, 소나무 숲이 절경인 삼릉, 벚꽃엔딩을 보여주는 보문호……. 경주는 마성의 매력을 갖춘 신선한 고도이다. 경주는 언제나 옳고, 언제나 새롭다.

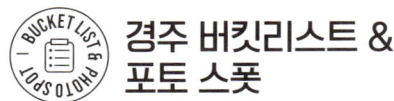

경주 버킷리스트 & 포토 스팟

MUST GO

01 첨성대와 꽃밭 산책하기

첨성대 지구는 경주 산책 1번지이다. 첨성대 반경 500m에 핑크뮬리, 유채꽃밭, 계림, 내물왕릉, 월성, 교촌마을, 월정교 등 유적과 볼거리가 모여 있다. 비단벌레차도 있고 자전거와 전동킥보드도 있지만, 이곳에선 그냥 느릿느릿 걸어야 한다. 그렇게 사진도 찍고 구경도 하며 여유롭게 걷다 보면 어느새 경주가 당신 마음에 깃들어 있을 것이다.

02 신비로운 대릉원 느릿느릿 걸어보기

대릉원은 경주 여행의 1번지이다. 시내에 제주의 오름 같은 커다란 고분들이 천연덕스럽게 자리하고 있다. 고분 23기가 모여 뉴욕의 센트럴파크 부럽지 않은 멋진 도심 풍경을 연출한다. 도심 사이에 있는 천마총, 황남대총, 미추왕릉을 걷다 보면 현재와 과거의 시공간이 신묘하게 교차하여, 우주의 이름 모를 행성을 걷고 있는 기분이 든다.

03 황리단길 순례하기

황리단길은 대릉원 후문 옆 황남동 내남네거리에서 황남초교네거리까지 남북으로 이어지는 약 700여 미터의 왕복 2차선 도로와 양옆 골목 일대를 가리키는 말이다. 길가와 골목마다 개성 넘치는 카페, 옷가게, 음식점, 빵집, 수제 맥주 가게가 곳곳에 숨어 있다. 대릉원이 보이는 루프톱 카페에서 마무리하면 황리단길 순례가 더 특별할 것이다.

04 동궁과 월지 야경 즐기기

동궁은 궁궐인 반월성 북동쪽에 있던 별궁이다. 왕자가 거주하는 곳이었는데, 월지와 어우러진 풍경이 좋아 귀한 손님을 대접할 때는 연회를 베푸는 장소로도 사용했다. 동궁과 월지는 밤에 즐겨야 제맛이 난다. 따뜻한 조명을 받은 동궁과 월지는 신비감마저 든다. 꽃이 피는 계절이든, 단풍이 드는 가을이든 이곳의 밤은 화려하고 아름답다.

05 경주국립박물관에서 국보 찾기

경주는 전체가 박물관이라 불릴 만큼 다양한 문화재가 곳곳에 있지만, 그래도 최고의 보물 창고는 경주국립박물관이다. 교과서에서 보던 국보와 보물을 만날 수 있으니 절로 흥분이 된다. 금관과 금제 허리띠, 성덕대왕 신종……. 전시실 곳곳에 숨은 국보를 찾아보고, 교과서에서 본 보물과 문화재를 발견하는 기쁨을 느껴보자.

06 불국사와 석굴암 관람하기

석굴암과 불국사는 1995년 종묘, 해인사 장경판전과 더불어 우리나라 최초로 세계문화유산에 등재되었다. 유네스코는 세계문화유산 등재 이유를 이렇게 밝혔다. "신라인의 창조적 예술 감각과 뛰어난 기술로 조영한 불교 건축과 조각으로 경주 토함산의 아름다운 자연환경과 어우러져, 한국 고대 불교예술의 정수를 보여주는 걸작이다."

07 부처의 산, 남산 트레킹

경주 여행이 완벽해지기 위해선 남산494m에 올라야 한다. 남산을 가지 않고 경주를 보았다고 얘기할 수 없다. 남산은 부처의 산이다. 계곡과 능선 곳곳에 숨은 탑, 절터, 불상이 무려 200개 가까이 된다. 남산은 〈금오신화〉의 작가 김시습의 숨결과 삼릉 소나무 숲의 정취까지 듬뿍 선사한다. 삼릉 솔숲─용장골 코스를 추천한다.

08 양동마을, 조선 시대 거닐기

경주에서 신라를 만났다면 이번엔 잠시 시내를 벗어나 조선 시대를 거닐어 보자. 안동에 하회마을이 있다면 경주엔 양동마을이 있다. 양동마을은 자박자박 걸으며 조선의 정취를 느끼기에 좋다. 구불구불한 길을 따라 기와집과 초가집 160여 가구가 정겹게 조화를 이루고 있다. 2010년 하회마을과 더불어 세계문화유산에 올랐다.

MUST EAT & MUST BUY

01 경주쌈밥과 교리김밥 즐기기
쌈밥이 경주의 대표 음식이라면 교리김밥은 아이돌 같은 메뉴이다. 쌈밥집 중 황남동의 별채반교동쌈밥, 삼릉의 우렁각시쌈밥, 경주월드 앞 조가네떡갈비쌈밥, 불국사 근처 늘봄의 인기가 좋다. 교리김밥은 본점을 교촌마을에서 오릉 근처로 이전했다. 장소는 옮겼지만, 맛은 변함이 없다.

02 추억이 묻어나는 경주 3대 별미 즐기기
대릉원 옆 숙영식당은 30년 전통의 찰보리밥 전문점이다. 된장찌개와 찰보리밥의 풍미가 깊다. 경주원조콩국의 콩국은 별미 중의 별미다. 잘게 자른 찹쌀 도넛을 토핑으로 넣는데 쫄깃함을 더해준다. 우리 밀과 9가지 곡물로 만든 삼릉고향칼국수는 칼국수의 새로운 세계를 열어준다.

03 황리단길 맛집과 카페 순례
황리단길이 인기를 끌면서 고도 경주의 표정이 한층 풍부해졌다. 황리단길의 분위기를 이끄는 곳은 카페와 음식점이다. 정원이 아름다운 한옥 카페 아덴, 달콤함의 천국 망원동티라미수, 피맥 하기 딱 좋은 987피자, 한옥 파스타 가게 시즈닝, 카페 같은 식당 어썸이 당신을 기다리고 있다.

04 동쪽 바다 감상하며 커피 즐기기
한적함을 느끼고 싶다면 동쪽으로 차를 돌리자. 양남면의 이스트앵글은 동해를 가득 품은 베이커리 카페이다. 푸른 바다가 빵과 커피 맛을 더해준다. 스타트 커피는 문무대왕릉 북쪽 감포읍에 있다. 가는 길이 드라이브 코스로 제격인 데다 창문 너머로 보이는 소나무와 바다가 예술적이다.

05 경주, 하면 황남빵이지
1939년부터 황남동에서 팔았다고 해서 '황남빵'이다. 황남빵은 국산 팥을 사용하여 만든다. 빵 껍질이 두껍지 않아 밀가루 냄새가 없고, 빵이 식어도 부드럽다. 황남빵을 가장 맛있게 먹는 방법은 현장에서 바로 먹는 것이지만, 기념품과 선물로도 손색이 없다. 대릉원 후문에서 가깝다.

PHOTO HOT SPOT

01 첨성대 유채꽃과 핑크뮬리
봄에는 유채꽃, 가을에는 핑크뮬리. 첨성대는 유적의 가치뿐 아니라 꽃밭 포토존으로 인기가 높다. 4월 중순에 피는 유채는 햇빛이 좋은 낮에 찍어야 잘 나오고, 핑크뮬리는 석양이 지기 직전에 인생 샷을 찍기 좋다. 화사한 유채꽃과 핑크뮬리 앞에 서면 누구나 모델이 된다.

02 대릉원 포토존
대릉원은 둥근 산처럼 겹친 능들이 신비로운 장관을 연출해준다. 대릉원 포토존은 황남대총 뒤쪽에 있다. 능과 능 사이에 목련이 자라고, 그 뒤로 황남대총이 배경처럼 둘러쳐져 있다. 인생 사진을 찍기 위해서는 평균 30분 정도는 기다려야 한다. 마음의 준비를 하고 가자.

03 금장대 나룻배
주차장에서 금장대로 건너가는 다리의 오른쪽 습지에 있다. 길이가 5~6m 정도인 작은 목선인데, 사진을 찍으면 습지와 어우러져 멋진 정취가 가득 담긴다. 단출한 나룻배지만 주인공을 충분히 빛나게 해준다. 커플 사진 찍을 동행이 없을 땐 그 뒤에 선 커플이 찍어준다.

04 삼릉 소나무 숲
올곧지 않은, 휘어지고 눕고 불규칙한 간격으로 서 있는 소나무는 의외로 미학적이다. 안개 낀 새벽이라면 더 신비롭고 아름답겠지만 그렇지 않더라도 소나무 숲은 충분히 감동을 준다. 소나무와 색이 대비되는 밝고 화려한 옷을 입으면 더욱 빛나는 모습을 얻을 수 있다.

05 화랑의 언덕 명상 바위
경주시 서쪽 산내면의 단석산 줄기에 있다. TV 프로그램 〈캠핑클럽〉에서 이효리와 핑클 일행이 찾은 뒤 명소로 떠올랐다. 풀밭의 하얀 의자와 절벽 위 명상 바위가 포토존이다. 명상 바위에 서면 겹겹이 쌓인 능선과 그 아래 마을이 만들어내는 풍경이 비현실적일 만큼 아름답다.

SIGHTSEEING
경주 **명소**

 Sightseeing

첨성대
📍 경북 경주시 인왕동 839-1
🚌 버스 60, 61, 경주시티투어버스(경주야경투어)

현존하는 동양 최고最古의 천문대

대릉원 남동쪽에 있는 첨성대국보 31호는 동양에서 가장 오래된 천문대이다. 천마총에서 걸어서 3분 정도 걸린다. 유채, 국화, 핑크뮬리……. 첨성대 주변 정원엔 계절마다 아름다운 꽃이 핀다. 계절을 바꾸어 피는 화사한 꽃들이 첨성대와 어우러져 황홀하고 이국적인 풍경을 연출해준다. 어둠이 완전히 내려앉기 직전, 첨성대에 조명이 켜지면 보드라운 주황빛 비단으로 치장한 듯 고운 자태를 뽐낸다. 이때 첨성대 부근의 커다란 나무를 배경으로 사진을 찍으면 제대로 된 한 폭의 그림처럼 멋진 사진을 만들 수 있다. 첨성대는 천문대지만 산꼭대기가 아니라 평지에 조용히 자리하고 있다. 첨성대의 동쪽은 명활산, 서쪽은 선도산, 남쪽엔 경주 남산이, 그리고 북쪽은 텅 비어 있다. 그래서 첨성대에서는 밤마다 북두칠성을 볼 수 있었다고 전해진다. 첨성대에 쓰인 돌은 콘크리트보다 2배 이상 강한 화강암이다. 석재와 석재 사이의 줄눈엔 접착제를 사용하지 않았다. 그런데도 아직도 굳건하다. 신라인들의 지혜와 기술에 경의를 표하고 싶어진다.

ONE MORE 첨성대의 돌 하나하나가 과학이고 상징

첨성대는 신라 선덕여왕재위 632년~647년 때 세워진 것으로 추정된다. 높이 9.17m, 밑지름 4.93m, 윗지름 2.85m로 유연한 곡선을 이루고 있다. 사용한 돌은 모두 362개로, 1년의 음력 일수와 같다. 몸통 돌은 27단인데, 신라 27대 왕인 선덕여왕을 뜻한다. 꼭대기의 우물 정#자 모양 돌까지 더하면 모두 28단인데, 이는 기본 별자리 28수를 상징한다. 정#자 돌은 신라 자오선의 표준이 되었으며, 각 면이 정확히 동서남북을 가리킨다. 석단 중간의 13단과 15단 위치에 정남향으로 난 네모난 창이 있다. 이 창 위아래로 12단 석단은 1년 12달, 24절기를 의미한다. 사다리를 타고 창 안으로 들어가 천문을 관측한 것으로 추정한다.

 비단벌레차 타고 경주 돌아보기

첨성대에서 북서쪽으로 100m쯤 가면 비단벌레차 매표소와 승강장이 있다. 비단벌레차는 월성, 계림, 교촌마을, 월정교 등을 도는 투어용 전기차이다. 전기차가 운행되는 동안 문화해설 방송도 나와 편안하게 앉아 경주 곳곳을 돌아보기 좋다. 중간에 신라왕궁영상관에 하차하여 15분 정도 영상을 관람한다. 11회의 운행 차량 가운데 1, 10, 11회 차량은 영상 관람을 하지 않는다. 영상 관람 포함 35분 정도 소요되고, 영상 관람 없는 타임은 20분 안팎 소요된다.

경주시 황남동 113-15 054-750-8658 운행 시간 09:10부터 17:25까지 하루 11회 운영
요금 어른 4,000원, 어린이 2,000원 소요 시간 20~35분

Sightseeing
대릉원

경주시 계림로 9 054-772-6317 매일 09:00~22:00 입장료 성인 800원~3,000원
버스 502, 505, 507, 500, 506, 508, 경주시티투어버스(세계문화유산투어)

우주의 이름 모를 행성에서 만난 풍경

대릉원에는 제주의 오름 같은 커다란 고분들이 모여 있다. 고분 23기가 모여 뉴욕의 센트럴파크 부럽지 않은 멋진 도심 풍경을 연출해준다. 고분군 규모로는 경주에서 가장 크다. 경주 중심가 황리단길 동쪽에 있으며, 첨성대를 비롯한 월성지구, 동궁과 월지, 국립경주박물관 등과도 가까워 경주 여행의 출발지가 되는 곳이다. 이승과 저승이 신비롭게 어우러진 듯 독특한 풍경을 연출한다. 현재와 과거의 시간과 공간이 신묘하게 교차하여, 우주의 이름 모를 행성을 걷고 있는 기분이 들기도 한다. 대릉원이라는 이름은 '미추왕을 대릉에 장사 지냈다'는 삼국사기의 기록에서 따온 것이다. 현재는 천마총, 황남대총, 미추왕릉 등이 12만 평이 넘는 대릉원을 빛내주고 있다. 쌍무덤인 황남대총은 높이 24m, 남북 길이가 120m나 되는 대형 왕릉이다. 금관, 금동관, 은관, 장신구, 은제 허리띠, 장신구 등 유물 2만여 점이 나왔다. 천마 그림이 나온 천마총은 대릉원에서 유일하게 내부 관람을 할 수 있다. 미추왕릉의 주인 미추왕은 김알지의 후손으로 최초의 김 씨 임금이다. 신라 13대 왕으로 23년간 재위하였다.

대릉원에서 천마총 관람하기

5~6세기경에 축조된 천마총155호분은 1만 5천 점이 넘는 유물이 나온 고분이다. 고분 안으로 직접 들어가 시신을 안치한 방과 출토 유물을 볼 수 있어 의미가 더 깊다. 유물 가운데 자작나무 껍질에 천마를 그려 넣은 천마도 장니말다래, 말의 배에 흙이 튀지 않도록 가리는 데 사용는 국보 207호로 귀중한 문화유산으로 꼽힌다. 천마도가 발견된 덕분에 이 고분은 천마총이라 불리고 있다. 금관국보 188호, 금제 관모국보 189호, 금허리띠와 장신구국보 190호 등도 천마총에서 출토된 유물들인데, 지금은 국립경주박물관이 소장하고 있다.

ONE MORE

금관이 나온 노동리와 노서리 고분군

대릉원 북쪽에 있다. 대릉원 후문에서 정면으로 보이는 게 노동리 고분군이고, 왼쪽의 아담한 봉분들이 노서리 고분군이다. 시민들의 일상에 자연스럽게 자리 잡은 고분 풍경이 인상적이다. 대릉원 후문에서 횡단보도를 건너 직진하면 오른편으로 노동리 고분군에서 가장 큰 봉황대가 보인다. 봉황대에는 거목이 군데군데 꽃처럼 꽂혀있다. 마치 능이 고즈넉한 산봉우리인 듯 운치가 넘친다. 노서리 고분군엔 작은 능들이 모여 있다. 화려한 금관이 나온 '금관총'과 '서봉총'이 이곳에 있다. 두 고분군의 입장료는 무료이다.

📷 Sightseeing
황리단길
📍 경북 경주시 태종로 746 🚌 버스 60, 61, 500, 502, 505, 506, 507, 506, 604

경주의 핫 플레이스

황리단길은 경주의 '황남동'과 서울 이태원의 '경리단길'을 합쳐 만들어진 신조어이다. 처음엔 황남동 내남네거리에서 황남초교네거리까지 남북으로 이어지는 약 700m의 왕복 2차선 도로를 일컬었지만, 도로 양옆 골목으로 분위기 좋은 음식점, 술집, 수제 맥주 가게, 카페, 빵집, 옷가게가 생겨나면서 이 일대를 가리키는 말로 확장하였다. 황리단길은 보행 전용도로가 아니기 때문에 사람과 느릿느릿 가는 자동차와 시내버스가 뒤섞여 조금 어수선하면서도 독특한 생기가 돈다. 이곳에는 옛날식 점포와 가옥들이 있는가 하면, 분위기 있게 새로 지은 깨끗한 가게들, 그리고 옛집을 리모델링한 점포와 가옥들이 섞여 있다. 이곳의 건물은 대부분 한옥이 아니면 최소한 기왓장을 처마에라도 둘렀다. 황리단길의 분위기를 이끄는 곳은 카페와 새로 생긴 음식점이다. 황리단길 산책을 루프톱 카페에서 마무리하는 것도 좋겠다. 대릉원이 내려다보이는 곳이라면 금상첨화.

황리단길의 추천 맛집과 카페

☕ Cafe
황남 아덴
정원이 아름다운 카페

📍 경주시 사정로 57 📞 054-774-2016
🕐 11:00~22:00 ₩ 예산 5,000원~7,000원
ℹ️ 주차 황남동 제1공영주차장, 황리단길 유료주차장

황리단길에서 손꼽히는 카페이다. 황리단길과 교차하는 사정로를 따라 들어가다 보면 야트막한 돌담과 넓은 마당의 ㄱ자형 한옥이 눈에 들어온다. 한옥 3채를 헐어 만들어 마당이 탁 트여 있다. 낮은 돌담과 조형미가 돋보이는 마당이 매력적이다. 실내에서도 커다란 창을 통해 운치 있는 마당 풍경을 감상할 수 있다. 황남 아덴은 차만 마시고 가기엔 아까울 정도로 정원을 잘 꾸며 놓았다. 예쁜 배경을 찾아 사진을 찍는 사람들을 보면 절로 행복해진다. 황리단길에서 커피와 디저트를 즐기기에 딱 좋은 곳이다.

🍽 Restaurant
어썸
카페 같은 식당에서 즐기는 한 끼의 행복

📍 경주시 포석로 1083 📞 054-743-0057
🕐 10:30~22:00 ₩ 13,000~29,000원
ℹ️ 주차 노동공영주차장

대릉원 후문 옆 내남네거리에서 황리단길을 따라 남쪽으로 약 200m 걸어가면 나온다. 주황색과 연두색으로 외벽을 알록달록하게 칠해 금방 눈에 띈다. 내부는 마치 여학생의 방처럼 하얗고 깨끗하다. 마약두루치기, 큐브수제떡갈비, 전복새우볶음밥, 갈릭소불고기 등을 즐길 수 있다. 음식을 주문하면 소반에 여섯 가지의 반찬이 나온다. 음식과 반찬 모두 경상도 특유의 짜고 매운 맛을 덜어내 담백한 편이다. 인테리어가 이쁜 아담한 식당에서 깔끔한 맛을 느끼고 싶다면 황리단길의 어썸을 기억하자.

Sightseeing

동궁과 월지 안압지

경북 경주시 원화로 102   054-750-8655   800원~3,000원
버스 10, 600, 601, 602, 603, 604, 605, 607, 609, 153, 700, 경주시티투어버스(경주야경투어)

통일신라의 궁궐 유적지

동궁은 반월성 북동쪽에 있던 별궁이다. 〈삼국사기〉에 의하면 신라가 삼국을 통일한 직후인 문무왕 14년서기 674년에 월지를 만들고, 679년에 월지 주변에 왕자가 머물 동궁을 새로이 건축하였다. 동궁은 임해전이라고도 불렀으며, 나라에 경사가 있거나 귀한 손님을 대접할 때는 연회를 베푸는 장소로도 사용하기도 했다. 월지는 동궁 부근에 만든 일종의 아름다운 유원지였다. 동궁이 연회장으로도 쓰였던 것은 바다를 닮은 아름다운 연못 월지가 있었기 때문이다. 하지만 동궁과 월지는 경순왕 때 후백제 견훤의 침략에 시달리자, 왕건을 초청하여 위급한 상황을 호소하며 잔치를 베풀었던 굴욕의 장소이기도 하다. 동궁과 월지는 오랫동안 안압지라 불려왔다. 방치된 월지 주변에 갈대가 무성하고, 오리와 기러기들이 날아다니자, 조선의 묵객들이 이를 보고 월지를 '오리와 기러기가 있는 연못'이라는 뜻의 안압지라 부르게 된 것이다. 동궁과 월지는 신라의 통일과 흥망성쇠를 그대로 보여주고 있다.

ONE MORE 월지에 구현한 신라인들의 이상향

월지는 동서 약 200m, 남북 약 180m의 네모형 연못이다. 못의 동남쪽 귀퉁이에는 못에 물을 공급해주던 거북이 모양의 입수부가 있다. 서쪽과 남쪽의 호안은 일직선으로 만들고 주변에 동궁 건물을 배치하였다. 동쪽과 북쪽 호안은 유려하고 절묘한 곡선으로 만들었다. 독특한 점은 이렇게 호안을 직각으로 꺾기도 하고 돌출시키면서 연못 주변 어느 곳에서 바라보더라도 못 전체가 한눈에 들어오지 않게 설계하였다는 것이다. 그래서 월지는 실제보다 훨씬 크게 느껴진다. 〈삼국사기〉에 의하면 "궁 안에 못을 파고 가산을 만들고 화초를 심고 기이한 짐승들을 길렀다."는 기록이 있다. 못 안에는 발해만 동쪽에 있다고 하는 삼신도를 본떠 크기가 다른 섬 세 개를 만들어 놓았다. 동쪽과 북쪽의 호안에는 무산 12봉을 상징하는 3m~6m 높이의 언덕이 있다. 월지가 신선사상에 바탕을 둔 호수라는 걸 알 수 있다. 지금은 비록 기이한 짐승은 없지만, 어떤 짐승이 이런 멋진 곳에 살았는지 상상하게 된다. 해가 지면 알록달록한 조명으로 치장을 한 동궁과 월지의 야경을 즐기기 위해 많은 이들이 찾는다.

Sightseeing
경주국립박물관

경북 경주시 일정로 186
054-740-7500
월~토 10:00~18:00 일·공휴일 10:00~19:00,
매달 마지막 주 수요일과 3월~12월 매주 토요일 10:00~21:00
(야간 연장 개관) 휴관 1월 1일, 설(구정)과 추석 당일
무료
버스 11, 12-1, 153, 600, 602, 604, 605, 607, 609,
경주시티투어버스(신라역사투어)

신라 천년의 문화와 예술 여행
석굴암과 성덕대왕 신종, 다보탑 등 신라문화는 백제와 견주어도 뒤지지 않는 뛰어난 예술성과 조형미를 갖추고 있다. 신라는 삼국통일 전쟁의 승자가 되어 그들의 문화를 고스란히 지킬 수 있었고, 통일신라 또한 전쟁으로 멸망한 것이 아니라 왕건에게 나라를 바침으로써 많은 유물과 유적을 보존할 수 있었다. 경주국립박물관은 신라 천년의 문화와 예술을 지키려는 작은 움직임이 모여 일궈낸 박물관이다. 1910년 경주지역 유지들이 신라고분을 보호하기 위해 '신라회'라는 모임을 만들었고, 1913년 이 모임은 고적 보존회로 발전하였다. 1915년 경주 객사에 진열관을 만들었는데, 이것이 경주국립박물관의 시초이다. 현재의 경주국립박물관은 1975년에 새로이 건물을 짓고 이전하여 오늘에 이르렀다. 동궁과 월지, 반월성의 바로 남쪽에 있어 함께 둘러보기 좋다. 박물관 본관 건물 입구로 들어가면 바로 신라역사관이다. 그 밖에 신라미술관, 월지관 등의 상설전시실이 있다. 신라의 상징 유물인 다양한 왕관을 직접 관람할 수 있어 아이들과 함께 방문하기 좋다.

ONE MORE

경주국립박물관 관람하기

① **신라역사관** 구석기 시대부터 신라가 멸망할 때까지의 역사를 살펴볼 수 있다. 4개 전시실마다 국보급 문화재가 가득하다. 특히 제2전시실에선 천마총 발굴 금관국보 188호을 비롯한 진귀한 문화재를 볼 수 있다.

② **신라미술관** 신라의 미술 문화를 따로 모아놓은 4개 전시실을 갖추고 있다. 불교미술실, 황룡사 터에서 발굴된 문화재를 전시한 황룡사실, 기증 유물을 전시하는 국은전시실이 있다.

③ **월지관** 월지에서 발굴된 유물을 주제별로 전시하고 있다. 유물 3만여 점 가운데 궁중의 생활 용기, 나무배 등 700여 점을 관람할 수 있다.

가슴을 울리는 성덕대왕신종

박물관 앞마당 북쪽에 있다. 국보 제29호로 흔히 에밀레종이라고 부른다. 경덕왕재위 742~764 때 아버지 성덕왕의 명복을 빌기 위해 만들기 시작하여 다음 왕인 혜공왕 때771 완성했다. 어린아이를 시주받아 종을 만들었다는 전설이나 무려 쇳물 27t에 기포 하나 생기지 않았다는 과학적 비밀이 신비롭게 느껴진다.

몸체 네 곳에 새긴 공양천인상은 휘날리는 옷자락이 얼마나 생생한지 금방이라도 날아오를 듯하여 감탄이 절로 나온다. 조선의 김시습은 경주 벌판에 나뒹구는 종을 보고 "아이들은 두드리고, 소는 종에 뿔을 가는구나."라며 개탄하였다는데, 이렇게 온전히 만날 수 있으니 얼마나 다행인지 모르겠다.

Sightseeing

교촌마을

경북 경주시 교동 71
버스 60, 60, 경주시티투어버스(경주 야경 투어)

한옥 구경하고 다양한 체험까지

교촌은 전주나 서울의 북촌처럼 한옥들이 옹기종기 모여 마을을 이룬 한옥마을이다. 경주 향교, 최부잣집으로 알려진 최씨고택, 경주 법주 등 유명한 것들이 많다. 경주 향교는 통일신라의 교육기관 국학이 있던 자리이다. 이후 국학은 고려 때는 향학, 조선 시대엔 향교로 이어지며 경주의 교육을 담당해왔다. 최부잣집은 일제강점기엔 독립운동에 앞장섰으며, 백성들에게 겸손과 나눔을 실천하며 노블레스 오블리주 정신을 이어온 유명한 가문이다. 최부잣집 바로 옆에는 경주 법주로 익히 알고 있는 경주 교동법주가 있다. 교동법주중요무형문화재 제86-3

호는 우리나라 궁중에서 유래한 전통 찹쌀 청주이다. 최부잣집에서 대대로 빚어온 가양주로 현재는 소량만 생산하고 있다. 교촌에서는 다양한 체험도 즐기기 좋다. 손누비 체험을 할 수 있는 누비 공방, 도자기 체험을 할 수 있는 한국토기, 떡메치기 체험을 할 수 있는 카페 교촌가람, 우리의 전통 발효식품 체험을 할 수 있는 전통식문화연구소 미경, 국수 만들기 체험을 할 수 있는 식당 미정당 교촌 곳간 등이 있다.

누비공방 ☎ 054-746-1236 ₩ 8,000원~10,000원 ⓘ 소요 시간 1시간~1시간 30분
한국토기 ☎ 054-748-0791 ₩ 8,000원~15,000원
교촌가람 ☎ 054-748-7789 ₩ 7,000원~15,000원
전통식문화연구소 미경 ☎ 054-749-5988 ₩ 10,000원(청소년 8,000원)
미정당 교촌 곳간 ☎ 054-771-7732 ₩ 5,000원~8,000원

ONE MORE 부자의 품격, 최씨고택

최부잣집으로 더 많이 알려진 최씨고택은 1700년대에 지어진 99칸짜리 저택이다. 이 가문 사람들은 12대에 걸쳐 9명의 진사를 배출하며 만석지기 재산을 지켰다. 이 집의 의미가 남다른 것은 건축적으로 뛰어나서도 아니고, 명문가여서도 아니다. 노블레스 오블리주를 실천한 가문이자 일제강점기엔 독립운동에도 앞장섰던 가문이기 때문이다. 사랑채는 구한말 의병장 신돌석, 최익현, 스웨덴의 구스타프 왕세자 등이 머물다 간 곳으로 알려져 있다. 특히 이 집 창고 앞에 가면 여섯 가지 행동 지침인 '육훈'이 새겨져 있는데, 이것을 읽고 있으면 그 오랜 세월 그들이 어떻게 나라와 백성을 챙겼는지 가슴에 그대로 전해져 온다.

①과거를 보되 진사 이상의 벼슬은 하지 마라. ②만석 이상의 재산은 사회에 환원하라.
③흉년기에는 땅을 늘리지 마라. ④과객을 후하게 대접하라.
⑤주변 백 리 안에 굶는 사람이 없도록 하라. ⑥시집온 며느리들은 3년간 무명옷을 입어라.

다 읽고 돌아서면 이 고택 구석구석이 더 아름답게 느껴진다.

📍 경주시 교촌안길 27-40 입장료 무료

월정교

◎ 경주시 교동 274(월정교 홍보관) 📞 054-779-6100(월정교 홍보관)
🕐 월정교 09:00~22:00 홍보관 10:00~20:00 🚌 버스 60, 61, 경주시티투어버스(경주야경투어)

원효가 요석공주를 만나기 위해 건넌 다리

월성 지나 교촌마을 방향으로 걷다 보면 고요히 흐르는 남천문천 위에 놓인 단청이 아름다운 다리가 눈에 들어오는데, 이게 월정교이다. 신라 시대 월정교는 누각과 지붕이 있는 다리였다. 자료가 많아 다른 신라 유적보다 일찍 복원되었다. 통일신라 때인 경덕왕 19년760년 만들어진 다리이다. 조선 시대에 유실되었다가, 2018년 국내 최대 규모의 목조 교량으로 복원되었다. 길이는 약 66m, 폭 13m, 높이 6m에 이른다. 교량 입구의 문루 2층은 월정교 홍보관이다. 월정교의 역사, 출토된 유물, 그리고 복원 과정을 살펴보기 좋다. 월정교는 먼 옛날 원효가 요석궁에 살던 요석공주를 만나기 위해 건너던 다리이다. 다리에 서서 서쪽을 바라보면 최씨고택이 있는 교촌마을이 한눈에 보인다. 하지만 월정교는 복원 과정을 거치면서 지나치게 과장되었다는 비판도 받고 있다. 그 사정을 아는지 모르는지 해가 지면 월정교는 아름다운 조명으로 치장을 하고 여행자를 맞이한다.

Sightseeing

계림

◎ 경북 경주시 교동 1
🚌 버스 60, 61, 경주시티투어버스(경주야경투어)

김알지의 탄생 설화가 깃든 신비한 숲

첨성대 남쪽, 반월성 쪽으로 난 길을 따라 5분 정도 가면 원시의 숲이 나오는데, 이곳이 계림이다. 계림은 신라 때엔 시림始林이라 불렀다. 탈해왕 4년, 시림 숲 나뭇가지에 금궤가 걸려있고 닭이 그 아래에서 울고 있었다. 궤짝을 열어보니 사내아기가 있었다. 아이의 이름은 금궤에서 나왔다고 성은 '김' 이름은 '알지'라 지었다. 사내아기는 김 씨의 시조가 되었다. 알지는 태자가 되었으나 왕위를 석 씨에게 양보하였다. 알지의 7대손 미추왕13대왕이 처음 왕위에 올랐고, 17대 내물왕재위 356~402 이후 김알지의 후손이 신라를 오래 다스렸다. 계림은 느티나무와 왕버들 나무가 무성하여 천천히 걸으며 산책하기 좋다. 입구에는 순조 3년1803년에 세운 계림에 관한 비각이 있다. 해가 지면 야간조명이 계림을 아름답게 밝혀준다. 소나무가 우거진 길을 따라 서쪽으로 조금 가면 인왕동 고분군 가운데 하나인 내물왕릉이 나온다. 첨성대에서 서남쪽으로 도보 7~8분 거리이다.

📷 Sightseeing

월성 반월성

📍 경주시 인왕동 387-1 📞 054-779-8743 🕐 연중무휴
🚌 버스 10, 600, 601, 602, 603, 604, 605, 607, 609, 153, 700

신라 천년의 궁궐이 있던 성

월성_{반월성}, 사적 제16호은 파사왕 22년서기 101년 자연적으로 형성된 언덕에 돌과 흙을 반달 모양으로 쌓아 만든 궁성이다. 삼국사기에는 "박혁거세 21년에 궁을 만들어 금성이라 불렀으며, 파사왕 22년에 금성 동남쪽에 성을 쌓아 월성이라고 불렀으니, 그 둘레는 1,023보나 되었다."라는 기록이 나온다. 반월성 안에는 파사왕 때부터 신라가 망한 935년까지 궁궐이 있었다. 삼국유사에 의하면, 이곳은 충신인 호공의 거주지였는데 BC 19년에 석탈해가 거짓 꾀를 부려 빼앗았다고 전해진다. 성의 길이는 1,841m, 면적은 약 20만㎡에 이른다. 첨성대나 안압지에서 월성을 향해 걷다 보면 커다란 꽃밭 정원을 지나게 된다. 여름에는 백일홍, 플록스, 연꽃, 로벨리아가 가득 피어나고, 10월에는 핑크뮬리를 마음껏 즐기기 좋다. 꽃밭을 지나 월성으로 올라서면 그야말로 작은 평원이다. 월성에는 1738년에 만든 석빙고보물 제66호가 있다. 석빙고는 잘 보존되어 있으며, 안을 들여다볼 수도 있다.

Sightseeing

분황사

경북 경주시 분황로 94-11 ℡ 054-742-9922
버스 10, 16, 277, 100, 100-1, 150, 150-1, 700, 경주시티투어버스(세계문화유산투어)

향기가 나는 황제의 사찰

황룡사지 북동쪽에 인접해 있는 작은 절이지만 의미와 유서가 깊다. 634년 선덕여왕 3년에 건립했다. 신라 최초로 여성이 왕위에 올랐기에 선덕여왕의 정치적 기반은 튼튼하지 못했다. 여왕은 왕위계승의 정당성을 확보하려고 국가사찰인 황룡사 바로 옆에 '향기가 있는 황제의 사찰' 분황사를 세웠다. 분황사는 자장과 원효가 머문 절이다. 그밖에 솔거의 관음보살상 벽화, 거대한 약사여래입상 등이 있었다고 전해지나 몽골 침략과 임진왜란 등으로 모두 소실되었다. 지금은 분황사 석탑, 보광전, 화쟁국사비편, 우물 등만이 남아 그 옛날의 영화를 추억하고 있다. 분황사 모전석탑 돌을 벽돌 모양으로 다듬어 쌓은 탑. 국보 30호 은 절을 건립하면서 세운 탑이다. 신라의 석탑 중 가장 오래된 것으로 꼽힌다. 원래 9층이었다는 기록이 있으나 현재는 3층만 남아 석탑이라기보다는 자그마한 전각 같은 느낌을 준다. 탑의 네 모퉁이에는 사자상이 늠름하게 서서 석탑을 호위하고 있다.

Sightseeing

황룡사지

경북 경주시 구황동 320-2 버스 10, 15, 16, 277, 100, 100-1, 150, 150-1, 700, 경주시티투어버스(신라역사투어)

신라의 빛나는 별, 황룡사

〈삼국유사〉에 따르면 경주엔 절이 밤하늘의 별처럼 펼쳐져 있었다. 그중 가장 빛나는 별 황룡사는 넓이가 약 8만㎡에 이른 사찰로 진흥왕 14년553년에 짓기 시작하여 선덕여왕 14년645년에 완성하였다. 93년에 걸친 대역사였다. 남쪽에서부터 남문, 중문, 탑, 금당, 강당이 중심선상에 자리하는 1탑 3금당 양식의 사찰이었다. 황룡사엔 9층 높이의 목탑이 있었다. 자장율사가 선덕여왕에게 건의하면서 건축 공사가 시작됐다. 하지만 신라엔 그만한 탑을 세울 건축 기술이 없었다. 신라는 금은보화를 보내 백제의 장인 아비지를 초청하였다. 주변 아홉 개 나라로부터 신라를 보호하고자 하는 의미를 담아 9층으로 올렸다. 높이가 자그마치 80여 미터, 이는 아파트 30층 높이에 해당한다. 높이가 엄청나 벼락을 5번이나 맞아 수리하였다. 고려 시대까지 잘 유지되었으나, 몽골 침입 때 소실되었다. 탑의 중심을 받치던 커다란 주춧돌인 심초석에서 그 위용을 짐작할 수 있다. 1978년 심초석 아래에서 유물 약 3천여 점을 발굴했다. 경주국립박물관에서 황룡사 유물을 관람할 수 있다.

 Sightseeing

경주 오릉

경북 경주시 탑동 67-1 054-750-8614(경주시 시설관리공단) 800원~2,000원
버스 500, 502, 505, 506, 507, 508

바람 소리 듣기 좋은 곳에서 박혁거세 만나기

오릉사적 제172호은 첨성대 남서쪽에 있는 고분군이다. 첨성대에서 약 2.3km, 교촌마을에서 1.7km 떨어져 있다. 이름만 듣고도 능이 다섯 개임을 알 수 있다. 정문에서 시작되는 울창한 소나무 숲을 지나면 커다란 봉분이 보인다. 가운데 있는 능을 나머지 네 개의 능이 둘러싸고 있다. 크기와 모양이 제각각이고 서로 가리거나 막고 있어, 온전하게 다섯 개의 능을 한꺼번에 눈에 담기가 쉽지 않다. 〈삼국사기〉에 의하면 신라 시조인 박혁거세와 알영부인, 2대 남해, 3대 유리, 5대 파사왕을 담엄사라는 절 북쪽의 사릉원내蛇陵園內에 장례를 지냈다는 기록이 있다. 담엄사 북쪽은 오릉이 있는 자리이다. 〈삼국유사〉에는 오릉이 박혁거세의 능이라는 설화적 이야기가 전해진다. 이러한 기록으로 보아 오릉은 박혁거세와 관련이 있을 것으로 추측된다. 오릉 잠시 느릿느릿 걸으며 소나무 아래에서 바람 소리를 듣기 좋은 곳이다.

Sightseeing

포석정

경북 경주시 배동 454-1   054-750-8614   3~10월 매일 09:00~18:00 11~2월 매일 09:00~17:00
버스 500, 505, 506, 507, 508, 경주시티투어버스(양동마을, 남산 투어)

흐르는 물 위에 띄운 술잔의 슬픔

포석정은 연회장으로 사용하던 별궁 자리에 있다. 경주 시내에서 남쪽으로 4km, 남산 북동쪽에 있다. 지금은 전복 껍데기 모양의 화강암 돌 홈만 남아있다. 둘레가 약 22m에 이르는 돌 홈은 유상곡수연을 하던 곳이다. 유상곡수연은 물이 흐르는 굴곡진 수로에 술잔을 띄우고, 수로 주변에 둘러앉아 술잔이 자기 앞에 오기를 기다리며 시를 읊는 연회로, 주로 선비나 귀족들이 즐겼다. 포석정에 대한 최초의 기록은 《삼국유사》에 나온다. "헌강왕재위 875~885년 때의 태평스러운 시절에 왕이 포석정에 들러 좌우와 함께 술잔을 나누며 흥에 겨워 춤추고 즐겼다."라고 기록되어 있다. 7세기 이전에 만들어진 것으로 추정하고 있다. 그 옛날의 영화는 모두 어디로 갔는지, 지금은 커다란 고목 아래 다소 일그러진 모습으로 남아 세월의 무상함을 느끼게 한다. 신라 말 혼란기 이곳에서 연회를 하다가 견훤에게 사로잡혀 자결해야 했던 경애왕재위 924~927의 슬픔도 아프게 다가온다.

Sightseeing

삼릉숲

○ 경주시 배동 산 73-1 버스 500, 503, 505, 506, 507, 508, 경주시티투어버스(양동마을, 남산 투어)

자유롭고 신비로운 소나무 숲

포석정에서 남쪽 언양 방향으로 1Km 남짓 가면 삼릉사적 219호이 나온다. 삼릉은 경주 남산 서쪽에 동서로 나란히 있는 세 개의 능이다. 그래서 삼릉이라 불린다. 서쪽 능부터 각각 8대 아달라 이사금, 53대 신덕왕, 54대 경명왕의 능이라 전해지고 있다. 신라의 왕릉은 도굴이 되거나 역사 기록이 정확하지 않아 주인을 알 수 없다. 이런 까닭에 대릉원을 제외하면 왕릉에 관한 관심도 낮은 편이다. 그러나 삼릉은 다르다. 왕릉보다 왕릉을 감싸고 있는 소나무 숲 덕이다. 소나무 숲은 가히 일품이다. 수령이 150년 된 소나무가 빼곡하다. 곧게 자라기보다는 구불구불 휘어지고 막 자란 듯하여 더 신비스럽고 자연미가 살아있다. 배병우 등 사진작가들의 촬영지로도 유명하며, 드라마 <미스터 션샤인>에서 추노 장면이 이곳에서 촬영되기도 했다. 자유분방하게 자란 소나무 숲을 산책하다 보면 신라 때에도 불었을 그 바람이 느껴진다. 기묘한 분위기를 몰고 불어 다니는 맑고 향기로운 바람 소리가 예사롭지 않다.

Sightseeing
중앙시장 야시장

경주시 금성로 295(성건동)　18:00~23:00 (동절기 매주 금·토, 하절기 매월 1일, 15일 외 매일 운영)
주차 중앙시장 공영주차장(유료)

낭만 가득한 야시장
경주 중앙시장은 경주역 앞 화랑로와 금성로가 만나는 사거리에 있다. 약 100년 전부터 오일장이 선 유서 깊은 시장이다. 11개 건물에 옷가게, 활어센터와 분식점, 정육점, 철물점 등 볼거리와 살 거리, 먹을거리가 가득하다. 경주사람들은 이곳을 아래시장이라고 부른다. 중앙시장이 핫한 명소로 이름난 이유는 바로 야시장이 들어서면서부터이다. 야시장은 중앙시장 북편 아케이드에 있다. 야시장에 들어서면 작고 아담한 한옥형의 판매대 20여 개가 한쪽으로 나란히 서 있다. 앙증맞은 판매대에는 저마다 요리를 하느라 손길이 바쁘다. 새우튀김, 닭강정, 케밥, 쌀국수 등 다양한 먹을거리를 판매한다. 야시장에선 재래시장에서만 맛볼 수 있는 시끌벅적함과 정겨움을 한껏 느낄 수 있다. 이곳의 장점은 가격이 착하다는 것이다. 특히 '만 원의 행복 BIG 4' 쿠폰을 구매하면 1만 원에 4가지의 메뉴를 골라 담아 맛볼 수 있다.

Sightseeing

금장대

📍 경주시 석장동 산 38-9(주차장 석장동 1130-3) 🕐 06:00~22:00 🚌 버스 40, 41, 50, 51, 210
금장대 나룻배 포토존 📍 경북 경주시 석장동 산 38-9

날아가던 기러기도 넋을 잃은 풍경

동국대 경주캠퍼스 부근에 있다. 동국대 경주병원 앞에서 흥무로로 접어들어 중앙선 철길 아래를 지나면 절벽 위로 금장대가 보인다. 금장대에는 '금장낙안'이라는 말이 따라다닌다. 금장대 앞 형산강의 물이 맑고 경치가 좋아서 지나가던 기러기도 쉬었다 간다는 뜻이다. 주차장에서 금장대까지 걸어서 7분 정도 걸린다. 금장대에 서면 햇빛에 반사된 형산강이, 그 너머로는 경주 시내 풍경이 시원하게 펼쳐진다. 금장대가 있는 '예기청소'는 김동리의 소설 <무녀도>에서 무녀 모화가 망자의 혼백을 건지기 위해 형산강 물에 뛰어들어 목숨을 잃은 장소이기도 하다. 금장대 부근엔 청동기 시대 새긴 석장동 암각화가 있다. 커다란 바위에 사람 얼굴, 사람 발자국, 동물 발자국, 배 그림이 새겨져 있다. 금장대 나룻배는 손꼽히는 포토 스폿이다. 주차장에서 금장대로 건너가는 다리 오른쪽 습지에 있다. 봄부터 초가을까지, 수초와 나무가 푸른 계절에 특히 멋진 사진을 얻을 수 있다.

Sightseeing
황성공원

경주시 원화로 431-12　편의 시설 공중화장실, 정자, 벤치, 무료 공공와이파이(골든 파이 경주)
주차 경주시립도서관 주차장(황성동 371-2), 경주실내체육관 주차장(황성동 1041-1)

신비롭고 황홀한 맥문동 꽃밭

황성공원은 신라 시대 화랑들의 훈련장으로 쓰이던 곳이다. 경주실내체육관, 경주시민운동장, 시립도서관, 축구공원, 청소년수련관 등이 공원 이곳저곳에 둥지를 틀었다. 공원은 삼릉에 뒤지지 않는 멋진 소나무와 수백 년 수령을 자랑하는 고목이 어우러져 울창한 숲을 이루고 있다. 여름이면 솔숲에 맥문동이 군락으로 피어난다. 맥문동은 백합과에 속하는 여러해살이 식물이다. 1km의 솔숲 산책로 따라 맥문동꽃이 지천으로 핀다. 아침 햇살 아래 맥문동의 보랏빛은 더욱 강렬하다. 맥문동 약 40만 그루가 앞서거니 뒤서거니 보랏빛 꽃을 피워내는데 그 모습이 신비롭고 황홀하다. 꽃이 절정에 달하는 8월이면 여행자와 시민, 아마추어 사진가들이 몰려든다. 단풍 드는 가을도 그에 못지않게 화사하다. 느티나무, 상수리나무, 떡갈나무 고목 단풍이 울긋불긋 공원을 화려하게 물들인다. 공원 중간에 있는 김유신 장군 기마상도 볼거리다.

📷 Sightseeing
김유신장군묘

📍 경북 경주시 충효2길 44-7
🚌 버스 30, 40, 41, 50, 51, 70, 273, 301, 경주시티투어버스(신라 역사 투어

김유신이 왕이라고?

경주 북서쪽 송화산275.6m 기슭에 있다. 그의 묘를 마주하는 순간, 김유신은 '왕 같은 인물이었구나'하는 생각이 든다. 십이지신이 감싼 봉분은 왕릉처럼 화려하다. 김유신595~673의 증조부는 금관가야의 마지막 왕 구해왕이다. 증조부가 신라에 투항하면서 김유신 가문은 권력을 계속 유지할 수 있었다. 그는 삼국통일을 이루는 데 큰 공을 세웠다. 태종무열왕재위 654~661 때 '대각간'이 되었고, 고구려를 평정한 후엔 '태대각간'에 올랐다. 신라 42대 흥덕왕재위 826~836은 그를 흥무대왕으로 추존하였다. 김유신장군묘는 특이하게 비석이 두 개다. 왼쪽 비석엔 '신라태대각간김유신묘'라고, 오른쪽 비석엔 '개국공순충렬흥무왕릉'이라고 새겼다. 오른쪽 비석의 마지막 글자 '능'은 원래 '묘' 자였다. 후손들이 왕으로 추존되었다고 시멘트로 '묘' 자를 지우고 '능'자를 새겼다고 한다. 김유신은 자신의 묘비에 '능'자가 새겨지길 원했을까? 묘 앞으로 난 흥무로는 봄이면 벚꽃이 만개하여 황홀경을 연출해준다.

Sightseeing
태종무열왕릉

◎ 경주시 서악동 842
🚌 버스 60, 61, 300-1, 330, 경주시티투어버스(세계문화유산투어)

위대한 왕의 소박한 무덤

경주 남쪽 선도산 아래에 있다. 태종무열왕릉을 포함해 여러 능이 있는데, 이를 서악동 고분이라 한다. 가장 아래쪽 능이 태종무열왕릉으로, 서악동 고분 가운데 주인이 누구인지 확실하게 알려진 유일한 능이다. 주인을 알 수 있는 건 거북이 받치고 있는 태종무열왕릉비국보 제25호 덕이다. 이 비석에 '태종무열대왕지비'라는 글자가 선명히 새겨져 있다. 글씨는 당대의 명필이자 뛰어난 외교가였던 무열왕의 둘째 아들 김인문의 작품이다. 목을 길게 뺀 거북은 마치 앞으로 나아갈 듯 역동적이다. 태종무열왕릉은 삼국통일의 토대를 놓았던 왕의 무덤 치고는 소박하다. 법흥왕재위 514~540 때부터 왕릉을 경주 외곽 산지의 구릉에 모시고, 규모도 좀 축소하였는데, 무열왕릉에는 이러한 변화가 반영되어 있다. 그렇다면 서악동 고분의 나머지 봉분 네 개는 무열왕의 직계 조상인 법흥왕, 진흥왕, 진지왕, 무열왕의 아버지인 문흥대왕의 능이 아닐까 추정하고 있다.

 Sightseeing

화랑의 언덕

경북 경주시 산내면 내일리 산261-1　0507-1313-7143　09:00~18:00(이용 시간 외 방문은 사전 문의)
2,000원(7세 이하 무료)　홈페이지 http://www.okgreen.net/　인스타그램 gyeongju_okgreen

예쁜 사진 찍기 좋은 인스타 핫플

TV 프로그램 〈캠핑클럽〉에서 이효리와 핑클 일행이 캠핑카를 타고 찾으면서 유명해진 곳이다. 경주 시내에서 서남쪽으로 37km 떨어진 단석산827m 줄기에 있다. 단석산은 김유신이 화랑이었을 때, 수련하며 검으로 바위를 갈랐다는 설화가 전해지는 곳이다. 텐트를 치거나 불을 이용해 음식을 만드는 것은 금지되어 있지만, 푸르른 녹음과 잔디밭이 눈부시게 아름다워 많은 이들이 산책과 피크닉을 즐기기 위해 찾는다. 인스타 핫플로도 유명하다. 작은 목장도 있어 아이 동반 가족이 찾기도 좋다. 가장 유명한 곳은 이효리와 옥주현이 명상을 나눴던 명상 바위이다. 이 바위에서 산의 품에 안긴 작은 마을을 내려다보며 힐링과 명상의 시간을 만끽하기 좋다. 그 밖의 포토존은 거인의 나라에서 온 듯한 커다란 의자, 하얀 벤치, 어린 왕자와 피아노 조형물 등이다. 초여름부터 가을이 무르익기 전까지 푸른 녹음 속에 데이지꽃, 창포꽃이 피어나 예쁜 추억이 담긴 사진을 남기기 좋다.

Sightseeing

경주 남산

경북 경주시 배동

노천 박물관이자 아름다운 등산 코스

경주 여행의 백미는 남산이다. 남산을 가지 않고 경주를 보았다고 얘기할 수 없다. 남산에 갔다 왔다는 것은 경주 여행의 자긍심이 되기도 한다. 그만큼 남산은 경주에 있어서 특별한 곳이다. 남산은 경주의 진산이다. 동서 약 4km, 남북으로 8~10km의 타원형으로, 거북이가 엎드린 형상을 하고 있다. 남산 북쪽의 금오봉$_{468m}$과 남쪽의 고위봉$_{494m}$을 중심으로 약 40여 개의 골짜기 따라 100여 곳의 절터와 불상 80여 구, 탑 60기 등 다양한 문화 유적이 별처럼 흩어져 있다. 신라인들이 불국토라 여겼던 곳이기에, 그야말로 산 전체가 노천 박물관이다. 남산은 그리 높지도 않고 험하지도 않다. 그러나 동서남북 곳곳에 수없이 많은 등산로가 나 있다. 산이 작다고 한 번에 남산을 다 보겠다는 욕심은 애초에 가지지 않는 게 좋다. 등산로는 사람의 발길이 닿지 않은 곳이 없을 정도로 많다. 게다가 곳곳에 신라의 유적이 자리하고 있고, 조선의 문장가 김시습이 남산 용장골 암자에 머물며 〈금오신화〉를 쓴 곳이어서 경주의 내면 깊숙한 곳에 들어갔다 나오는 기분이 든다.

등산로 추천! 삼릉 소나무 숲—용장골 코스

삼릉 소나무 숲에서 출발하여 금오봉 정상 지나 용장골로 내려오는 코스는 많은 불상과 유적지를 볼 수 있는 등산로이다. 5시간 정도 걸으며 신라인의 불국토를 만나고 싶은 여행자에게 추천한다. 삼릉숲 지나 서서히 오르막으로 접어들면 탑재와 깨어진 불상이 한곳에 모여 있는 모습이 보인다. 삼릉에서 금오봉 정상으로 가는 길에 8개의 다양한 불상을 만날 수 있다. 길 안내라도 하듯 줄줄이 서 있다. 정상에서 용장골로 내려오는 길에도 3개의 불상과 탑을 만날 수 있다. 특히 터만 남은 용장사를 지키는 용장사 3층 석탑은 거대한 자연 암반 위에 서서 파란 하늘을 떠받치고 있는 듯하다.

ONE MORE

남산에 스며든 인연, 김시습

남산 용장골은 생육신의 한사람인 김시습과 인연이 깊은 곳이다. 세조가 단종을 폐위하자 스물아홉의 김시습은 방랑의 길을 떠나 용장골로 들어왔다. 그는 용장사 부근 은적암에서 7년간 머물면서 우리나라 최초의 한문 소설 〈금오신화〉를 집필했다. 용장골에 접어들어 불상과 탑들의 향연이 끝날 즈음에 다리가 나오는데, 이 다리 이름이 설잠교이다. 김시습이 용장사에 머물렀던 것을 기리기 위해 다리 이름에 그의 별호인 '설잠'을 붙여 지은 것이다. 설잠교를 지나면 길은 산책길처럼 편안해진다. 용장사와 은적암은 이제 빈 터만 남아있다.

Sightseeing

불국사

경북 경주시 불국로 385 054-746-9913
2월 07:30~17:30, 3~9월 09:00~17:00(토·일 08:00~17:30),
10월 07:00~17:30, 11월~1월 07:30~17:00, 연중무휴
3,000~6,000원 버스 10, 12, 700

한국 불교 건축의 절정

"불국사는 석조 기단과 목조 건축이 잘 조화된 고대 한국 사찰 건축으로 그 가치가 특출하다." 1995년 유네스코는 불국사를 세계문화유산으로 등재하는 이유를 이렇게 설명했다. 정확한 표현이다. 불국사는 건축 기술, 창조성, 예술성 등 여러 면에서 한국 불교 건축의 절정이다. 불국사는 대웅전, 극락전, 비로전, 관음전 등 네 영역으로 이루어져 있다. 경덕왕재위 742~765 때 재상이었던 김대성이 책임을 맡아 창건했다. 조선 시대 수원 화성의 건설 책임자가 당시 우의정과 좌의정을 지낸 채제공이었던 것처럼, 신라의 재상 김대성도 불국토를 건설하는 국가사업의 책임자였던 게 아닌가 추측된다. 불국사는 완공 당시 2천여 칸에 달하는 대가람이었다. 그러나 1593년 임진왜란 때 왜군의 방화와 파괴로 전소되었다. 1604년 중수를 시작한 뒤 19세기 초까지 여러 차례 수리하였다. 우여곡절 많은 역사 따라 도난당하고 훼손된 유물도 많았을 것이다. 그러나 금동비로자나불좌상국보 제26호을 비롯한 불상과 청운교, 백운교, 석가탑, 다보탑 등 빛나는 석재문화재가 여전히 불국사를 지키고 있다.

ONE MORE

부처의 세계로 인도하는 네 개의 다리

불국사는 석단 위에 자리하고 있는데, 석단 위는 부처의 세계이고 아래는 범부의 세계이다. 석단은 자연석에 깎은 돌을 맞물려 놓은 그랭이 기법으로 만들어 자연미를 더하였다. 석단에는 2개의 문과 2쌍의 다리가 있다. 청운교와 백운교국보 제23호는 대웅전으로 들어가는 자하문과 연결된다. 욕심을 정화하며 청운교 16계단을 오르면 부처의 세계로 들어서게 된다. 또 다른 돌다리 연화교와 칠보교국보 제22호는 극락전으로 들어가는 안양문과 연결된다. 이 네 개의 다리는 마치 나무를 깎아 만든 것처럼 정교하고 섬세한 아름다움을 보여준다.

 대웅전 앞마당이 불국사에서 가장 멋진 이유

지금은 청운교와 백운교를 올라 대웅전으로 들어갈 수 없다. 옆 회랑을 통해 대웅전으로 들어서면 다보탑국보 제20호과 석가탑국보 제21호이 나란히 서서 반겨준다. 석가탑은 단순한 조형미와 애틋한 전설이 깃들어 있어 좋고, 다보탑은 복잡한 듯 정교하고 창의성이 돋보여 좋다. 게다가 서로 닮은 구석이라곤 찾아볼 수 없는 두 개의 탑이 이루어내는 긴장미와 독특한 하모니가 아름답기 그지없다. 석가탑은 다보탑을 탓하지 않고, 다보탑은 석가탑을 밀어내지 않는다. 두 개의 탑이 하나의 풍경이 되는 융합과 포용의 공간, 대웅전 앞마당이 불국사에서 가장 멋진 공간인 까닭이다.

📷 Sightseeing
석굴암

📍 경북 경주시 불국로 873-243(**주차장** 경주시 진현동 104-17)
📞 054-746-9933
🕘 평일 09:00~17:00 주말 09:00~17:30 공휴일 09:00~17:30
₩ 3,000원~6,000원 🚌 버스 10, 11, 700

신라의 문화·예술·종교·과학이 이룬 최고 걸작

토함산745m 중턱에 있다. 불국사에서 자동차로 구불구불한 산길을 20~30분 올라야 한다. 삼국유사에 따르면 석굴암국보 제24호은 751년에 김대성이 불국사를 지을 때, 왕명에 따라 착공했다. 김대성은 현세現世의 부모를 위하여 불국사를 세우고, 전세前世의 부모를 위해서 석굴암을 만들었다. 삼국유사에는 원래 이름이 석불사라 기록되어 있다. 일제강점기인 1910년경부터 일본에 의해 석굴암이라 불리기 시작하였는데, 안타깝게도 아직도 이렇게 불리고 있다. 주차장에서 토함산 정상으로 난 길을 10분 정도 오르면 석굴암을 모신 전각이 보인다. 보존상의 이유로 목조 전각 속에 넣어, 석굴암의 본래 모습을 보지 못해 아쉽다.

석굴암은 자연석을 다듬어 둥근 돔을 쌓고 위에 흙을 덮어 굴처럼 보이게 한 인공 석굴사원이다. 사각형의 전실과 원형의 주실로 나뉘어 있다. 주실에는 본존불과 더불어 보살과 제자 상이 있고, 전실에는 인왕상과 사천왕상

등이 본존불을 지키고 있다. 석굴암 조각품들은 사실적이고 화려하면서 세련되었다. 생생한 입체감이 정교하게 살아있어 돌로 만들었다는 것을 잊게 만든다. 전각 안으로 들어가면 유리 벽 너머로 본존불을 만나볼 수 있다. 신라의 종교, 문화와 예술, 과학, 건축이 어우러져 범접할 수 없는 우주를 만들었다. 석굴암 앞에 서면 본존불의 숭고한 기운에 저절로 압도된다. 신라인들은 창조적 예술 감각과 뛰어난 과학 기술, 부처를 향한 숭고한 믿음을 석굴암에 쏟아부었다. 석굴암은 신라인이 창조한 절정의 꽃이자 압도적인 걸작이다.

ONE MORE 석굴암 본존불은 어디를 바라보고 있을까?

석굴암의 본존불은 정확하게 동남쪽 30도 방향을 보고 있다. 여기에는 문무대왕릉이 있는 곳을 보고 있다는 설과 동지 때의 일출 방향을 보고 있다는 설이 전해지고 있는데, 후자가 더 설득력 있다고 보고 있다. 동지는 밤이 가장 긴 날이지만 동시에 낮이 길어지기 시작하는 날이라, 다시 말해 해가 길어지기 시작하는 첫날이라 옛사람들은 종교적으로 신성한 날로 여겼다. 1300년 전 신라인들이 본존불의 시선을 머물게 할 정확한 일출 방향을 찾았다는 게 놀랍다. 그뿐이 아니다. 석굴암의 건축적인 수치는 그곳이 어디든 1/1,000 미만의 오차밖에 생기지 않았다니 당시의 뛰어났던 과학 기술의 수준이 그저 놀라울 뿐이다.

Sightseeing
경주 동궁원
경북 경주시 보문로 74-14 · 054-779-8725 · 09:30~19:00(연중무휴)
식물원 3,000원~5,000원(미취학 어린이 무료) 식물원+버드파크 10,000원~18,000원 버스 10, 16, 18, 100-1, 700

동궁과 월지를 현대적으로 재현한 식물원
보문관광단지와 마주 보는 곳에 있는 식물원이다. 동물원과 식물원 기능을 했던 동궁과 월지를 현대적으로 재현하여 2013년에 준공하였다. 동궁식물원, 경주버드파크, 각종 체험시설로 나뉘어 있다. 정문에서 볼 때 좌측의 한옥처럼 디자인된 유리 건물이 동궁식물원이다. 동궁식물원은 열대 과일나무부터 관엽식물까지 다양한 식물을 만날 수 있는 실내 정원으로, 본관과 제2관으로 나뉜다. 수없이 많은 푸르른 식물 사이사이로 예쁜 조각상이나 인형이 장식되어 있어 보는 재미가 있다. 버드파크는 다양한 조류를 만날 수 있는 곳으로 정문에서 보면 오른쪽에 있다. 새와 화초를 가까이에서 직접 보고 느낄 수 있는 체험공간이다. 안압지를 재현한 외부 전시장에서도 다양한 조류를 만나볼 수 있다. 경주 동궁원에서는 다양한 체험 프로그램도 운영한다. 곤충생태전시관에서 하는 곤충 체험이 아이들에게 인기가 좋다. 곤충들에게 먹이를 주거나 직접 만지는 체험을 할 수 있으며, 장수풍뎅이나 귀뚜라미 키우기 키트도 판매한다.

Sightseeing

보문단지

경주시 보문로 424-33 054-745-7601
버스 10, 16, 18, 100-1, 150-1, 277, 700

호캉스, 유람선, 벚꽃엔딩

경주 시내에서 토함산으로 가는 길목에 있다. 보문호 주변의 아름다운 풍경 사이로 특급호텔을 비롯한 다양한 숙박시설과 골프장, 쇼핑센터 등이 들어서 있다. 야외 공연장과 미술관, 유람선 선착장 등 다양한 휴양 문화시설도 갖추고 있다. 벚꽃 필 무렵 경주를 여행한다면 꼭 보문단지로 가야 한다. 보문호 주변에 늘어선 수천 그루 벚나무가 팝콘 터트리듯 톡톡 벚꽃을 피워내는데, 그 모습이 황홀할 만큼 장관이다. 호수는 꽃을 반사하며 화려하게 빛나고, 벚꽃 터널을 산책하는 사람들 표정 또한 벚꽃처럼 화사하다. 가을에도 아름답다. 가을이 되면 벚꽃 터널이 형형색색의 단풍 터널로 변신한다. 그 모습이 너무 낭만적이어서 시 한 편 짓고 싶어진다. 보문호 주변엔 즐길 거리가 많다. 경주세계문화엑스포공원, 워터파크 블루원리조트, 동궁원, 테디베어박물관, 한국대중음악박물관 등이 가까운 거리에 몰려있다. 보문단지는 쉬는 여행을 하기에 좋다. 숙박시설과 볼거리와 놀거리가 다양한데다 경치까지 좋아, 경주 시내로 나가지 않고서도 즐겁게 시간 보내기 좋다.

Sightseeing
경주테디베어박물관

경북 경주시 보문로 280-34 · 054-742-7400
매일 10:00~19:00 · 6,000원~10,000원
버스 10, 16, 18, 200-1, 150-1, 700

어른들도 빠져드는 동화 속 세상

보문호 북쪽에 있는 곰 인형 박물관이다. 제주, 설악, 여수, 군산에도 있다. 곰사냥을 하던 미국 대통령 테오도르 루스벨트Theodore Roosevelt의 이야기에서 따다, 그의 애칭 '테디'를 붙여 '테디베어'라 부르고 있다. 전시 내용은 천재 과학자 로버트 그랜트 박사 가족이 타임머신을 타고 옛 경주로 모험을 떠나는 이야기로 구성됐다. 전시물을 이야기 중심으로 구성해 무척 흥미롭다. 공룡관에서 1억7천만 년 전 경주에 살았던 공룡을 만난 뒤 해저 세계를 지나면 드디어 신라관의 경주에 도착한다. 박혁거세의 탄생에서부터 신라 천년의 역사와 인물을 테디베어 인형으로 생생하게 묘사하여 귀여움과 앙증맞음이 폭발할 지경이다. 신라관을 지나면 100년의 역사를 가진 오리지널 테디베어 소장품들을 만날 수 있다. 아트 갤러리에서는 테디베어로 재탄생한 유명 예술작품을 만나볼 수 있다. 박물관 안에 뮤지엄 숍도 있다.

📷 Sightseeing
한국대중음악박물관

📍 경상북도 경주시 엑스포로 9 📞 054-776-5502 🕙 10:00~18:00(입장 마감 17:00)
휴관일 : 매주 월요일 ₩ 성인 6,000원~12,000원(사전 예매 시 40% 할인)

CNN이 선정한 한국에서 꼭 가야 할 곳
한국대중음악박물관은 귀가 즐거워지는 공간이다. 보문단지 경주화백컨벤션센터 북쪽 맞은편에 있는데, 건물 3층 높이의 통기타 모형이 눈길을 끈다. 1층은 카페이고, 관람은 2층부터 본격적으로 시작된다. 2층으로 오르는 계단 벽엔 K-POP을 알린 약 500여 개의 사인 CD가 전시되어 있다. 2층 전시관에서는 대중음악 100년사를 살펴볼 수 있다. 우리나라 최초 대중가요부터 최신 대중음악까지 만날 수 있다. 음반을 직접 들어볼 수 있는 헤드셋이 있어서 시간 가는 줄 모른다. LP의 종류, 음반 제작 과정, 한국 대중음악 100대 명반, 유명 가수의 의상과 기타도 반갑게 만날 수 있다. 3층은 오디오 100년사를 정리한 소리박물관이다. 진귀한 음향 시스템이 특히 눈길을 끈다. 1920년대 유성 영화용 스피커부터, 암펙스, 알텍, 탄노이 등 희귀하고 다양한 음향 장치가 눈을 즐겁게 한다. 오르골, 오르간, 에디슨 축음기, 그리고 우리나라 최초의 라디오와 텔레비전도 구경할 수 있다. 마무리는 음악 감상으로 하는 게 좋겠다. 3층 시청각실에서 음악을 신청하면 당신의 최애 음악을 들을 수 있다.

📷 Sightseeing
경주세계문화엑스포공원

📍 경북 경주시 경감로 614 📞 054-748-3011 🕐 매일 10:00~20:00(전시관, 미술관, 체험)
₩ 7,000원~8,000원 🚌 버스 10, 100, 100-1, 150, 150-1, 700

전시와 공연 관람부터, 최고의 전망까지
경주세계문화엑스포는 '지붕 없는 박물관' 경주와 신라의 문화를 알리는 박람회다. 1998년부터 평균 2년 단위로 가을에 열린다. 경주세계문화엑스포공원은 박람회가 열리는 주 무대이다. 하지만 엑스포 기간이 아니어도, 상설 전시장과 공연장에서 문화의 향기를 누릴 수 있다. 정문에 들어서기도 전 엑스포공원의 명물 경주타워가 한눈에 들어온다. 경주타워의 높이는 82m에 달하며, 건물 중앙부에 황룡사 9층 목탑을 음각하여 놓아, 하나의 작품처럼 보인다. 1층과 16층, 17층만 사용하고 있다. 1층에서 엘리베이터에 타면 타워전망대에 이른다. 전망대에서는 운치 있는 경주 시내 곳곳을 한눈에 담을 수 있다. 경주타워로 가는 길 왼쪽으로는 신라왕경숲이 조성되어 있어 힐링의 시간을 만끽하기 좋다. 경주타워 서쪽엔 엑스포문화센터가, 뒤쪽에는 백결공연장·아사달 조각공원·첨성대영상관·처용의 집·솔거미술관 등이 있다. 솔거미술관에선 경주 출신 예술가들의 근현대 미술을 접할 수 있다.

Sightseeing
블루원워터파크

경주시 보불로 391　1899-1888　28,000원~46,000원

워터파크에서 사계절 물놀이를!

블루원리조트는 경주세계문화엑스포공원 바로 남쪽에 있다. 회원제 골프장과 영남권 최대의 워터파크, 패밀리 콘도, 프라이빗 콘도로 구성되어 있다. 이곳이 즐거운 이유는 워터파크가 있기 때문이다. 1만2천 평의 대지에 조성된 블루원 워터파크는 하루 최대 1만 명을 수용할 수 있으며, 포시즌 존, 토렌토 존, 웨이브 존으로 구분된다. 포시즌 존은 스파와 사계절 내내 즐길 수 있는 다양한 물놀이 시설로 꾸며져 있어, 아이가 있는 가족이 즐기기 좋다. 베이비 풀과 키즈풀, 짜릿함을 즐길 수 있는 슬라이드, 유수 풀, 파도 풀 등이 있다. 웨이브 존은 스릴을 맛볼 수 있는 곳이다. 이곳의 스톰 웨이브는 국내 최고 높이인 약 2.6m의 파고가 이는 파도 풀이다. 스릴 만점의 토네이도 슬라이드와 4인 가족용 패밀리 슬라이드도 있다. 토렌토 존은 야생의 느낌을 만끽하기 좋은 곳이다. 이곳의 토렌토 리버는 길이 266m에 이르는 유수 풀로, 한꺼번에 수십 톤의 물이 쏟아지며 거친 급류를 일으켜 마치 래프팅을 하는 듯한 기분이 든다.

Sightseeing

원성왕릉 괘릉

경주시 외동읍 괘릉리 산 17　버스 605, 607, 609

아랍인 석상이 왕릉을 지킨다

원성왕릉 사적 제26호은 경주 남쪽 외동읍에 있다. 괘릉이라고도 불리며 신라 제38대 원성왕재위 785~798을 모신 곳으로 알려져 있다. 괘릉掛陵의 '괘'는 '걸다'라는 뜻인데, 왕릉 자리에 작은 연못이 있어 왕의 유해를 수면 위에 걸어띄워 안장했다는 속설에 따라 붙여진 이름이다. 묘역 좌우에 팔각기둥인 화표석, 무인석, 문인석, 사자상 순으로 줄지어 서서 봉분에 이르는 통로를 만들어준다. 왕릉의 영역을 나타내는 화표석 옆에는 무인석이 서 있는데 곱슬머리에 눈이 부리부리한 아랍인 얼굴이다. 당시 서역과의 교류가 얼마나 활발했는지 보여준다. 문인석에는 신라 복식 양식과 문양이 세밀하게 묘사되어 있어 눈길을 끈다. 사자상은 능을 수호하는 의무를 맡았다. 정면을 보는 사자, 고개를 휙 돌린 사자, 이빨을 드러내고 웃는 사자도 있어 보는 재미가 있다. 석조물을 지나면 봉분에 다다른다. 봉분은 원형 토분으로 높이 약 6m, 지름 23m 규모이다. 봉분 아래 둘레석에는 무인복을 입고 무기를 들고 있는 십이지신상이 새겨져 있다.

Sightseeing
신라역사과학관

◎ 경북 경주시 하동공예촌길 33 📞 054-745-4998
🕐 11월~2월 09:00~17:30 3월~10월 09:00~18:30 ₩ 성인 3,000원~5,000원 🚌 버스 10, 11, 700

석굴암의 축조 원리를 알고 싶다면

신라역사과학관은 보문단지와 불국사 사이 중간쯤에 있는 사설박물관이다. 1988년에 설립된 박물관으로, 우리 민족 과학의 뿌리를 알려주는 교육 현장이기도 하다. 화려한 볼거리가 많지는 않아도, 우리 유물의 과학적 제작 원리 등을 상세히 알 수 있다. 과학관은 지하 1층, 지상 2층 규모이다. 1층 전시실은 첨성대 모형1/5, 첨성대 내부 모형1/10, 신라 천년의 수도 경주의 모습을 그린 신라 왕경도 등이 전시되어 있다. 왕경도 속 경주는 중국 장안성처럼 잘 정비된 계획도시라 놀랍다. 2층 전시실에는 신라와 백제의 금관, 오대산 상원사 범종, 팔만대장경의 반야심경, 측우기, 앙부일구 등이 전시되어 있는데, 모두 과학적 원리를 토대로 복원 제작한 것들이다. 무엇보다 이 과학관의 최대 볼거리는 지하 전시실에 마련된 석굴암 모형1/5이다. 축조 원리 등 석굴암과 관련된 과학적 사실들도 상세히 전시하고 있다.

 Sightseeing

골굴사

경북 경주시 양북면 기림로 101-5 054-744-1689 선무도 공연 15:00(월요일 휴무) 버스 100, 150

선무도 공연 보러 석굴사원으로 가자

함월산은 경주에서 동쪽으로 약 20km 떨어진 곳에 있다. 6세기경 인도 천축국에서 온 광유성인이 함월산 석회암 암벽에 석굴사원을 만들었다. 마애여래좌상보물 제581호을 조성하고 주변에 12곳의 석굴을 파서 전실을 목조기와집으로 만들었다. 이것이 국내 유일의 석굴사원 골굴사이다. 골굴사의 옛 모습은 조선 중기의 겸재 정선이 그린 석굴골굴도간송미술관 소장에도 잘 나타나 있다. 현재는 법당굴관음굴만 온전한 모습으로 남아있으며, 나머지는 전실이 모두 소실되고 굴만 남아있다. 골굴사는 선무도 총본산이다. 1960년대 양익 스님이 만든 관법 수련인도에서 내려오는 요가와 명상을 아우르는 수련법을 체계화하여 승가에 전수하였다. 이것을 1985년 골굴사를 중창한 설적운 스님이 선무도로 소개하며 대중에 포교하면서 유명해졌다. 일주문 앞에서는 선무도 하는 스님의 다양한 동작을 형상화한 동상을 찾아볼 수 있다. 석굴 아래에 있는 대적광전보물 제833호 앞에서 화요일부터 일요일까지 오후 3시에 선무도 공연을 연다. 선무도 대학도 운영하고 있다.

Sightseeing

감은사지

◎ 경북 경주시 양북면 용당리 55-1 🚌 버스 150, 150-1

용이 된 왕의 사찰

경주 동쪽 35km 지점 용당산 기슭에 있다. 우뚝 솟은 두 개의 탑국보 제112호이 시선을 끈다. 감은사는 문무왕재위 661~681이 부처의 힘으로 왜구를 막고자 짓기 시작하여 그의 아들인 신문왕이 682년에 완성했다. 신문왕은 동해의 용이 되어 나라를 지키고자 했던 문무왕의 뜻을 이어받고, 또 아버지에 대한 효심을 담아 절 이름을 감은사라 지었다. 감은사 금당 밑에는 작은 공간이 있는데, 이는 용이 된 문무왕이 바닷물을 타고 금당까지 들어오게 하기 위함이었다. 감은사지의 주인공은 두 개의 삼층석탑이다. 높이가 13.4m로 신라의 삼층석탑 중 가장 크다. 돌을 짜 맞춰 만든 탑으로 형태가 웅장하면서도 안정적이다. 감은사는 '쌍탑일금당' 양식을 보여주는 최초의 절이다. 동·서 삼층탑은 1,300년이 흐른 지금까지도 고혹적인 단정함으로 폐사지를 빛내주고 있다. 감은사지에서 바닷가로 1km쯤 가면 이견대사적 제159호가 나온다. 이견대는 신문왕이 아버지가 용이 되어 나타나는 모습을 본 곳이라는 뜻이다. 실제로 이견대에 서면 대왕암이 곧바로 보인다. 이견대 주소 경주시 감포읍 동해안로 1480-12

Sightseeing
대왕암
경북 경주시 양북면 봉길리 26 버스 150, 150-1, 160

용이 되어 왜구를 무찌르리라

문무왕재위 661~681년은 태종무열왕의 아들이다. 왕위에 오르기 전부터 아버지를 도와 삼국통일의 초석을 견고히 다진 인물이다. 삼국통일 이후엔 왕위에 올라 백제 부흥 운동을 제압하고, 고구려를 멸망시키고, 당나라까지 쫓아냈다. 진정한 삼국통일을 완성한 것이다. 죽음을 앞두고는 용이 되어 왜구의 노략질로부터 나라를 지킬 뜻을 유언으로 남겼다. 이에 화장하여 유해를 동해의 대왕암 일대에 뿌리고 대석大石에서 장례를 치렀는데, 그 대석을 대왕암이라 불렀다고 전해진다. 대왕암사적 제158호은 육지에서 200여 미터 떨어진 곳에 있다. 해안가에서 바라보면 대왕암은 그저 갈매기가 노닐다 가는, 커다란 바위로밖에 보이지 않는다. 하지만 수면 아래에는 남북으로 길게 놓인 거북이 모양의 돌이 누워 있다. 대왕암이 세계 유일의 수중릉인지 확인된 것은 없다. 중요한 것은 죽어서도 나라를 지키고자 했던 문무왕의 마음이다. 그래서 대왕암을 가까이에서 자세히 볼 수 없는 아쉬움을, 문무왕의 마음으로 채운다.

Sightseeing
양남주상절리
◎ 경주시 양남면 읍천리 405-2 버스 150, 150-1

활짝 핀 한 송이 꽃 같은
대왕암에서 남쪽으로 7km쯤 가면 양남면의 작은 포구 읍천항이 나온다. 마을 곳곳에 인어, 나비, 고릴라, 낚시 하는 아빠와 아들 등 동화적이고 감성적인 벽화들이 작은 포구를 빛나게 한다. 벽화 구경을 하고 남쪽으로 천천히 걷다 보면 파도소리길이 나온다. 파도소리길은 읍천항에서 하서항까지 이어지는 1.7km의 데크 산책길로 동해의 파도 소리와 바람을 즐기며 힐링하기 좋은 곳이다. 무엇보다 파도소리길의 백미는 산책로 좌측의 해변에 가득한 부채꼴 모양의 주상절리다. 주상절리는 마그마에서 분출된 섭씨 1천도 이상의 용암이 물, 차가운 지표면, 공기에 접촉하면서 만들어지는 것을 말하는데, 다각형의 수직 기둥으로 된 것이 일반적이다. 하지만 양남주상절리천연기념물 제536호는 기울어지거나 수평으로 누워 있는 것이 특징이다. 만개한 한 송이 꽃 같기도 하고, 주름 잡힌 치마 같기도 하여 볼수록 아름답다.

Sightseeing

양동마을

경북 경주시 강동면 양동리 125 070-7098-3569
평일 09:00~18:00 1,500원~4,000원 버스 200, 201~208, 212, 217

500년 전통 마을, 조선 시대 산책하기

양동마을은 경주에서 북동쪽으로 20km 거리에 있는 한옥마을이다. 월성 손 씨와 여강 이 씨 양대 문벌이 마을을 이루고 살았다. 종택, 살림집, 정자, 서원, 서당 등이 주변 농경지, 자연환경과 어우러져 거의 완전하게 보존되어 있으며, 의례·놀이·예술품 등 많은 정신적 유산도 보유하고 있다. 현재 이곳에는 500년이 넘는 고색창연한 54호의 기와집과 이를 에워싸고 있는 110여 호의 초가집이 고스란히 남아있다. 조선 초의 문신인 손소1433~1484가 양동으로 이주하고, 이번1463~1500이 손소의 딸과 결혼하여 이곳에 정착하면서 오늘과 같은 양성 씨족 마을의 틀이 만들어졌다. 양동마을을 대표하는 인물로는 조선 중기의 문신 손중돈과 조선의 성리학자 이언적이 있다. 2010년 유네스코는 양동마을을 안동 하회마을과 더불어 세계문화유산으로 지정하였는데, 그 이유를 이렇게 밝혔다. "양동마을은 조선 시대 초기의 촌락 형태를 유지하고 있다. 특히 양반과 평민 가옥의 조화가 뛰어나며, 조선 시대의 유교 문화를 가장 잘 보여주는 곳이다."

ONE MORE
양동마을엔 어떤 고택이 있을까?

양동마을의 대표적인 고택으로는 관가정, 향단, 무첨당, 수졸당, 서백당과 정자 수운정 등이 있으며, 학교 역할을 하던 안락정과 강학당이 있다. 관가정보물 442호은 손 씨의 파종가派宗家, 하나의 성 씨에서 갈라져 나온 '파'의 종가이고, 향단보물 412호은 이 씨의 파종가이다. 관가정에서 바라보면 안락천과 곡식이 익어가는 너른 들판이 보여, 이름에 '곡식이 자라는 모습을 본다'는 뜻을 담아 관가정이라 지었다. 향단은 마을에 들어서면 가장 먼저 눈에 띄는 기와집이다. 이언적이 어머니를 모시고 사는 동생을 위해 지은 집이다. 무첨당보물 411호은 이 씨의 대종가이다. 무첨당 가까운 곳에 이언적 손자 이의잠의 집 수졸당도 있다. 높은 언덕에 있는 서백당중요민속자료 제23호은 손 씨의 대종가이다. 이 마을에 처음 자리 잡았던 손소가 지은 집으로, 마당에 수령 600년을 자랑하는 기품 있는 향나무경상북도 기념물 제8호가 있다. 그밖에 안강평야와 멀리 경주를 조망할 수 있는 곳에 손씨 가문의 정자 수운정이 있다. 성주산 자락에는 손씨 가문의 서당 안락정과 이씨 가문의 서당 강학당이 있다. 안락정은 지금 정자로 쓰이고 있다.

관가정 ⓧ 경주시 강동면 양동마을길 121-47
향단 ⓧ 경주시 강동면 양동마을길 121-75
무첨당 ⓧ 경주시 강동면 양동마을안길 32-19
수졸당 ⓧ 경주시 강동면 양동마을안길 58-23
서백당 ⓧ 경주시 강동면 양동마을안길 75-10
수운정 ⓧ 경주시 강동면 양동마을안길 45-20
안락정 ⓧ 경주시 강동면 양동마을길 92-19
강학당 ⓧ 경주시 강동면 양동마을길 138-11

:camera: Sightseeing

옥산서원

:round_pushpin: 경북 경주시 안강읍 옥산서원길 216-27 :phone: 054-762-6567 :bus: 버스 203

조선의 명필들, 이언적을 기리다

이황, 조광조 등과 함께 조선의 5현으로 존경받는 이언적을 기리는 서원이다. 1574년 선조로부터 '옥산서원'이라는 이름을 하사받았다. 옥산서원은 앞에 강학 공간이 있고 뒤쪽에 사당이 있는 전형적인 서원 건축 구조를 보여준다. 분위기는 대체로 소박하고 단정하다. 도산서원, 병산서원 등 8개의 서원과 함께 2019년 세계문화유산이 되었다. 정문인 역락문을 들어서면 작은 시냇물이 있고 그 너머로 서원의 누마루인 무변루가 나온다. 무변루에서 계단을 타고 오르면 구인당 앞마당에 이른다. 구인당은 강당이다. 각종 행사를 열거나, 유림의 회합과 학문 토론의 장소로 사용되었다. 구인당 양옆에는 유생들의 기숙사인 동재와 서재가 있다. '옥산서원' 편액은 구인당 전면에 걸려 있는데, 추사 김정희의 글씨이다. 대청 안에 이산해의 글씨인 '옥산서원' 편액이 하나 더 있고, 한석봉이 쓴 '구인당' 편액도 걸려 있다. '무변루' 편액도 한석봉의 것이다. 옥산서원에서는 조선의 명필을 한자리에서 감상하는 즐거움을 누릴 수 있다.

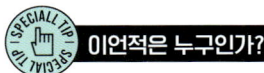
이언적은 누구인가?

이언적1491~1553은 조선 중기의 문신으로, 예조판서·형조판서·좌찬성 등을 지냈다. 그는 양동마을에 있는 외가 월성 손 씨의 서백당에서 태어났다. 27세 때 영남지방의 선배 학자인 손숙돈과 조한보 사이에 벌어진 논쟁에 참여하여 주리적 관점에서 이들을 비판하였다. 기氣보다 이理를 중시하는 주리적 성리학은 후에 이황이 계승하여 영남학파 성리학을 이끌었다. 이언적은 만년에 유배 생활을 하면서 공자의 인仁에 대한 근본정신을 탐구하여 구인록求仁錄, 1550년 등의 저서를 남겼다. 자율적, 창의적, 독자적인 세계를 구축하여 영남 사림의 중추적인 역할을 담당하였으며, 조선의 5현김굉필, 정여창, 조광조, 이언적, 이황으로 추앙받고 있다.

ONE MORE

사색하기 좋은 곳, 독락당

독락당보물 제413호은 여강 이씨 파종가의 건축물로 이언적이 학문에 빠져 지내던 곳이다. 옥산서원에서 북쪽으로 도보 13분 정도 거리에 있다. 양동마을의 일부라 세계문화유산이기도 하다. 이언적은 1530년중종 25 사간원 사간에 임명되었다가, 관직에서 쫓겨나 옥산으로 돌아와 독락당獨樂堂을 확장하고 학문에 열중하였다. 독락당은 안채와 사랑채 영역으로 나누어져 있다. 사랑채 영역으로 가면 '옥산정사' 편액을 단 건물이 나오는데, 이 건물 대청마루에 올라서면 '독락당' 편액도 걸려 있다. 사랑채엔 사당과 별채도 있으며, 계곡과 숲에 바로 접해 있어 풍경이 아름답다. 독락당을 돌아보고 있으면 고요하여 침묵마저 우아해 보인다. 이곳에서 바람 소리와 새 소리를 들으며 책 읽고 사색에 빠졌을 이언적이 부러워진다.

◎ 경북 경주시 안강읍 옥산서원길 300-3

RESTAURANT·CAFE & STAY
경주의 **맛집·카페·숙소**

 Restaurant
987피자

- 경주시 포석로1092번길 26
- 070-4007-1987
- 12:00~22:00
- 피자 15,000원~16,000원, 맥주 4,000원~8,000원
- 주차 황리단길유료주차장, 대릉원주차장, 노동공영주차장

대릉원 옆 한옥 화덕 피자 가게

대릉원 후문 쪽 내남네거리에서 황리단길로 가다가 나오는 첫 번째 갈림길에서 왼쪽 대릉원 담장 길을 따라 200m쯤 걸어가면 나온다. 가게 앞에서 보이는 대릉원 담장이 멋스러움을 자아낸다. 건물 앞에는 작은 마당이 있는데 담장을 장작으로 낮게 둘러놓았다. 작은 마당과 건물에 야외 테이블이 있어서 날씨가 좋은 날에는 사람들이 이곳에 즐겨 앉는다. 내부는 좁은 편이다. 가게 내부의 거의 절반을 주방이 차지하고 있어서 테이블이 몇 개 되지 않는다. 이곳은 피자집이지만 맥주 바를 함께 겸하고 있다. 피자만을 먹으려고 오는 손님이 많지만, 병맥주에 피자를 곁들여 먹는 사람도 있다. 피자는 주로 반반 피자가 많이 팔린다. 배를 채우기보다는 분위기를 즐기려는 사람들이 많이 찾는다. 식어도 맛이 괜찮을 정도로 화덕 피자 맛이 살아있다.

 Restaurant
별채반교동쌈밥

경주시 첨성로 77　054-773-3322　11:00~20:30
10,000원~15,000원　주차 가능

쌈밥, 육개장, 곤달비비빔밥

대릉원 남쪽 황남동 고분군 건너편에 있다. 기와집 외관이 단아하지만, 실내는 꽤 넓은 편이다. 별채반교동쌈밥은 2011년 경주의 대표음식점으로 선정된 두 곳 중 한 곳이다. 곤달비비빔밥과 6부촌 육개장을 만들 수 있는 권한을 부여받아 '별채반'이라는 명칭을 얻게 되었다. 하지만 손님들은 두 음식보다는 보통 쌈밥을 많이 주문한다. 아마도 곤달비비빔밥은 낯설고, 육개장은 일상에서도 흔히 먹을 수 있기 때문인 듯하다. 곤달비는 곰취와 비슷한 채소인데 맛은 순한 편이다. 쌈밥은 한우불고기쌈밥, 돼지불고기쌈밥, 오리불고기쌈밥이 있다. 어떤 쌈밥을 주문하든 도라지, 된장찌개, 김치전 등 약 15가지 이상의 반찬이 함께 나온다. 전골 음식도 있는데 신선한 채소와 버섯이 듬뿍 들어가 시원하고 달달하다. 경상도 음식이지만 어느 메뉴든 간이 세지 않아 좋다.

 Restaurant

경주원조콩국

경주시 첨성로 113　054-743-9644
09:00~20:00　8,000원　주차 가능

토핑을 넣어 먹는 콩국

첨성대 영역과 대릉원 영역 사이 첨성로에 있다. 콩 음식은 몸에 좋은 줄은 알지만, 비린내 때문에 덜 선호하는 사람도 있다. 하지만 이곳은 콩에 대한 선입견을 바꿔줄 만큼 색다른 맛을 보여준다. 콩국은 이제 힘들고 가난한 시절, 허기진 사람들의 배를 채워주던 음식이 아니다. 그야말로 별미 중의 별미다. 콩국은 강원도에서 자란 100% 국내산 콩으로 만든다. 들깨, 달걀노른자, 가위로 잘게 자른 찹쌀 도넛 등을 토핑으로 넣어 먹는데, 여행자들에게 아침 식사로 인기가 좋다. 부드러우면서도 씹을수록 고소한 맛이 난다. 특히 이따금 씹혀 쫄깃쫄깃함을 더해주는 도넛은 신의 한 수라 할 만하다. 우뭇가사리를 넣은 콩국수와 국내산 생콩에 우거지와 등뼈를 넣어 푹 끓인 생콩우거지탕도 인기 메뉴이다. 인기가 좋은 일부 메뉴는 영업시간 종료 전에 다 팔리기도 한다. 대릉원, 첨성대, 계림, 교촌마을 등과 가까워 돌아보기 전에 아침 식사하기 좋다.

Restaurant
숙영식당

- 경주시 계림로 60
- 054-772-3369
- 11:00~21:00
- 10,000원~20,000원
- 주차 도보 4분 거리의 노동공영주차장

된장찌개가 일품인 찰보리밥 전문점

대릉원 동쪽 길 계림로 옆에 있다. 가정집을 개조한 30년 전통의 찰보리밥 전문점이다. 분위기가 외갓집 사랑방처럼 정겹고 편안하다. 찰보리밥을 주문하면 약 15가지의 밑반찬과 김과 무채, 콩나물, 상추 등 다섯 가지의 나물이 담긴 커다란 대접이 나온다. 논고동이 듬뿍 들어간 된장찌개도 나오는데, 된장의 맛이 이 집의 인기 비결이다. 간간하고 깊은 된장의 맛이 찰보리밥과 참 잘 어울린다. 파전에 동동주를 곁들인다면 식사 시간이 더 즐거워질 것이다. 어른들에게는 추억을, 청춘들에게는 신선한 경험을 주는 맛집이다.

Restaurant
명동쫄면

- 경주시 계림로93번길 3
- 054-743-5310
- 11:30~20:30
- 7,000원
- 중심상가주차장 이용

40년 전통의 유부 쫄면

대릉원에서 북쪽으로 한 블록 떨어져 있다. 원래는 쫄면을 함께 파는 빵집이었다. 하지만 쫄면이 더 유명해져 쫄면 하나로 40년 전통을 이어오고 있다. 메뉴는 비빔쫄면, 유부쫄면, 냉쫄면, 어묵쫄면 이렇게 네 가지이다. 보통 쫄면은 차게 먹지만, 이 집에서는 다소 생뚱맞지만 따뜻한 쫄면을 맛볼 수 있다. 바로 유부쫄면인데, 커다란 스테인리스 대접에 따끈한 육수와 쫄면, 유부와 쑥갓을 넣어 내온다. 국물이 마치 우동 국물 같아 쫄면을 후후 입김을 불면서 먹는 색다른 재미를 안겨준다.

 Restaurant
금성관

- 경주시 초당길 117
- 0507-1302-4371
- 11:00~21:00
- 11,000원~22,000원
- 주차 가능

부드럽고 짭조름한 게장순두부

금성관은 분황사에서 북쪽으로 1km 거리에 있는 동천동 주택가에 자리하고 있다. 약 600m 거리엔 탈해왕릉도 있다. 가정집을 개조하여 만들어 식당 안으로 들어가면 기다란 마루가 나온다. 마루를 따라 양옆으로 방이 있고 방마다 좌식 식탁이 있다. 일곱 가지 밑반찬 중에는 묵은지로 만든 김치전이 맛있다. 게장순두부는 순두부의 부드러움과 게장의 짭조름한 게살 맛이 어우러져 묘한 감칠맛을 낸다. 게장순두부에 밥을 비벼 먹는 게 포인트다. 그래야 짠맛이 살짝 줄어들면서 게 껍데기에 밥을 비벼 먹을 때의 그 맛이 나는 까닭이다.

 Restaurant
반도불갈비식당

- 경주시 화랑로 83
- 054-772-5340
- 11:00~21:00
- 20,000원
- 주차 제1공영주차장, 법원 옆 노상공영주차장

연탄불에 구워진 쫄깃한 고기

화랑로 법원 네거리에 있다. 오래된 건물이지만 외관은 깔끔하다. 내부로 들어서면 기다란 홀에 둥근 연탄불 테이블이 몇 개 놓여있고, 방에는 가스 불 테이블이 놓여있다. 둥근 테이블은 선술집을 연상시킨다. 고기는 쫄깃쫄깃하고 육즙이 풍부해 감탄을 연발하게 된다. 갈비를 연탄불에 구워 먹는 경험 또한 다른 곳에선 맛보기 힘든 색다른 매력이다. 익어가는 고기를 뒤집다 보면 어린 시절 연탄불의 추억도 스멀스멀 올라온다. 주문은 3인분부터 가능하다. 가로수에 가려져 간판이 잘 보이지 않을 수 있다.

 Restaurant
교리김밥

경주시 탑리3길 2   054-772-5230   08:30~18:30(주말), 08:30~17:30(평일)
₩ 8,000원~12,000원   주차 자체 주차장, 오릉주차장

김밥과 부추 향 진한 잔치국수

교리김밥 본점은 원래 교촌마을에 있었으나 2020년 3월, 오릉 근처에 한옥 건물을 신축하여 이전하였다. 오릉 맞은편 도로 옆에 있어서 찾기도 쉽다. 신축건물이라 외부와 내부 모두 깔끔하다. 실내에 들어서면 입구 오른쪽에 김밥을 마는 주방이 있고, 왼쪽으로 식사를 할 수 있는 공간이 있다. 포장해가는 손님이 많아 식사 공간은 그리 넓지 않다. 교리김밥은 다른 김밥집과 달리 양념을 하지 않은 맨밥으로 김밥을 만든다. 김 위에 꼬들꼬들한 맨밥을 얇게 펴고 그 위에 살짝 절인 오이와 조린 우엉, 볶은 햄을 넣는다. 달걀 지단은 다른 집보다 두 세배 많이 넣는다. 밥은 전체 양의 30% 정도 되고, 나머지는 속 재료로 꽉 채운다. 여러 재료가 어울려 깊게 퍼지는 향이 입안을 행복하게 한다. 부추가 들어간 잔치국수도 김밥과 함께 맛보기를 추천한다. 부드러운 김밥과 부추 향 진한 경상도식 국수가 서로를 탓하지 않고 융합해 제대로 된 맛을 낸다.

 Restaurant
남정부일기사식당
◎ 경주시 배리1길 3 📞 054-745-9729
🕐 10:00~20:00 ₩ 9,000원 ⓘ 주차 가능

돼지고기가 낙지를 만났을 때

경주 남쪽에 있다. 삼릉숲에서 남쪽으로 600m 거리에 있다. 허름한 시골의 가정집을 개조하여 세련된 맛은 없지만, 외관만 보고 이 집의 음식 맛을 미리 판단하지 말자. 이래 보여도 경주에서 유명한 불고기 맛집이다. 여러 차례 방송에 나간 후 더 유명해졌다. 메뉴판에 '짬뽕'이라는 메뉴가 있어 살짝 헷갈릴 수 있는데, 이는 불고기와 낙지를 섞은 것을 말한다. 메뉴는 단출하다. 김치찌개, 낙지볶음, 돼지볶음, 낙지와 돼지를 섞은 짬뽕이 전부다. 짬뽕을 주문하면 밑반찬이 나오고 잠시 후 프라이팬에 낙지와 돼지고기를 반반씩 담아 내온다. 육수는 거의 없고 양파와 파가 잔뜩 들어있다. 끓을수록 양파와 파에서 채수가 우러나와 잡내를 잡아주고, 시원한 맛을 내준다. 처음에는 뚜껑을 덮어 익히다가 적당할 때 뚜껑을 열어 국자로 양념들을 골고루 섞으며 익히면 된다. 그냥 먹어도 좋지만, 김 가루에 밥을 비벼 쌈에 싸 먹어도 좋다.

 Restaurant
삼릉고향손칼국수
- 경북 경주시 삼릉3길 2
- 054-745-1038
- 08:30~20:30
- 7,000원~10,000원
- 주차 가능

국물이 독특한 우리 밀 손칼국수
삼릉숲에서 남쪽으로 약 200m 거리에 있는 칼국수 전문점이다. 주차장이 넓고, 야외에도 테이블이 있어 신선한 바람을 느끼며 식사하기 좋다. 메뉴는 우리 밀 손칼국수, 우리 밀 냉콩칼국수, 소머리수육, 도토리묵, 해물파전 등이다. 이곳의 매력은 우리 밀로 만든 칼국수와 현미, 땅콩, 보리, 들깨 등 9가지 곡물을 넣고 끓인 국물이다. 고소하고 담백한 맛이 일품이다. 손칼국수라 좀 거칠어 보이지만, 면발이 탱탱하여 빨아당기는 재미가 있다. 국물이 싱겁다면 양념간장을 살짝 곁들이자. 금세 맛이 올라온다.

Restaurant
맷돌순두부찌개
- 경주시 북군길 7
- 054-745-2791
- 08:00~21:00
- 9,000원~20,000원
- 주차 가능

국산 콩을 맷돌로 갈아 만든
보문단지 근처 동궁원 건너편 순두부 골목에 있다. 건물을 새로 지어 깨끗하며, 직원들이 맞춤 옷차림을 하는 등 서비스의 전문성이 느껴진다. 주메뉴는 순두부와 순두부찌개, 파전, 모두부, 녹두전이다. 주문하면 비지찌개를 중심으로 6개 밑반찬을 타원형으로 배치하는데, 그 모습이 마치 꽃송이 같다. 곧이어 날달걀 1개와 펄펄 끓는 순두부찌개가 나온다. 새우 외에 다른 부재료를 넣지 않아 국물 맛이 깔끔하다. 순두부는 아침마다 국산 콩을 직접 맷돌로 갈아서 만들기 때문에 입자가 조금 크다. 그래서 더 감칠맛이 돌고, 식감도 아주 좋다.

 산죽한정식

- 경주시 불국로 156
- 054-773-5666
- 매일 11:00~21:00
- 25,000원~30,000원
  (부가세 별도, 산죽한옥마을호텔 이용 시 10% 할인)
- 주차 가능

한옥 호텔에서 즐기는 한정식

불국사 근처 산죽한옥마을호텔에서 운영하는 한정식집이다. 객실에서 식사를 준비하거나 바비큐를 즐길 수 있는데, 직접 음식을 만들어 먹지 않을 거라면, 산죽한정식에서 식사하는 것도 좋은 방법이다. 장독대도 있고 한옥에 들어선 한정식집이라 운치를 즐기며 식사하기 좋다.

전통 자기와 놋그릇에 담긴 고품격 음식을 먹으며 경주 여행의 즐거움을 만끽할 수 있다. 가격은 생각보다 합리적인 편이고, 맛도 좋다. 바로 옆에 화덕 피자와 파스타를 즐길 수 있는 서양식 레스토랑 산죽향도 있으니 취향대로 선택하면 된다.

골목횟집

- 경주시 양남면 수렴리 141-2
- 054-744-0553
- 09:00~21:00
- 20,000원
- 주차 방파제 근처 또는 가게 앞 도로

회는 신선하고 가성비는 갑이다!

문무대왕릉에서 해안도로 따라 남쪽으로 10Km 정도 거리의 양남면 수렴리에 있는 횟집이다. 메뉴는 모둠회와 우럭, 광어, 돔, 농어, 오징어 등 다섯 가지며, 회를 뜬 서덜 매운탕도 맛볼 수 있다. 회가 나오기 전에 고추와 마늘, 상추, 쌈장, 그리고 콩가루를 뿌린 무채가 먼저 차려진다. 콩가루 무채는 아삭함과 고소함이 살아 있으며, 회와도 잘 어우러져 바다의 맛을 한껏 깊게 해준다. 회는 플라스틱 소쿠리에 담겨 나와 언뜻 보기엔 촌스러워 보이지만, 싱싱한 회를 먹은 후엔 누구나 만족하게 된다.

Cafe
한성미인

경주시 포석로1050번길 39-6 10:30~21:00
5,000원 주차 자체 주차장, 대릉원주차장

고즈넉하고 예술적인

대릉원 남쪽 숭혜전 정문 바로 앞에 있다. 숭혜전 앞에서 보면 커다란 나무가 보이고 그 아래 큰 창문이 달린 집이 보인다. 남향의 한옥에다 세로로 건물을 덧붙여놓았다. 세로로 놓인 건물에는 커피를 내리는 주방과 긴 탁자가 있고, 그 안쪽엔 연인들이 앉아 있기에 안성맞춤인, 좁지만 분위기 좋은 좌석이 있다. 남향의 안채는 한옥을 깔끔하게 개조하여 좌식으로 된 탁자를 놓았다. 분위기가 깔끔하고 예술미가 느껴진다. 서까래가 자유롭게 드러난 모습이 유쾌하고 리듬감이 느껴져 좋다. 황리단길과는 멀지 않지만, 카페가 조용하면서 차분해서 좋다. 고즈넉하고 예술적인 분위기를 즐기기에 알맞은 곳이다. 커피를 주문한 후 주인의 손길이 세심하게 닿은 한옥 내부나 마당을 한번 돌아보는 것도 괜찮다. 잔디마당이 꽤 넓어 조용히 바라보고만 있어도 마음이 편안해진다. 디저트와 음료도 즐길 수 있다.

 Cafe

망원동티라미수

경주시 사정로57번길 9 054-743-2930 10:30~22:00
₩ 4,000원~7,000원 주차 황리단길유료주차장, 황남동 제1공영주차장

작은 티라미수 천국

내남네거리에서 남쪽으로 4분 거리에 있다. 남쪽으로 250m쯤 내려와 포석로1079번길을 따라 서쪽으로 골목을 조금 들어가면 된다. 그리 크지 않은 한옥인데 들어가는 입구가 두 군데이다. 대문으로 들어가면 야외 테이블이 나오고, 현관문처럼 된 곳으로 들어가면 홀이 나온다. 어디로 들어가든 한옥의 정취가 묻어난다. 기둥과 창틀, 하얀 커튼과 조명, 그리고 창살무늬가 정겨운 느낌을 준다. 진열장에는 다양한 티라미수들이 놓여있는데 마치 꽃들이 피어있는 듯 아름답다. 재미있는 건 티라미수가 접시에 나오는 게 아니라 컵에 들어있다는 점이다. 이름하여 컵 티라미수이다. 오리지널 티라미수를 비롯하여 여덟 가지의 티라미수를 판매하고 있다. 어느 것이든 기본적으로 달콤하고 부드럽다. 이외에도 빈티지한 유리병에 든 밀크티도 있다. 카페는 아늑하고, 티라미수는 달콤하고 맛있다.

Cafe
카페 봄날

- 경주시 포석로1092번길 46-6
- 054-743-2930
- 화~토 11:00~22:00,
  일요일 12:00~21:00, 월요일 휴무
- 6,000원
- 주차 가능

커피 한잔으로 고도의 운치 만끽하기

대릉원 정문 근처에 있는 숭혜전과 가깝다. 대릉원을 돌아보고 맛있는 커피를 마시며 쉬고 싶은 여행자에게 추천한다. 카페 정문은 커다란 양반집의 별채처럼 보인다. 바로 들어가면 꽃자리라는 게스트하우스가 나온다. 카페는 오른쪽으로 난 유리문으로 들어가야 한다. 실내는 아기자기한 소품들로 꾸며져 있어 제법 아늑하다. 창가에 앉으면 숭혜전의 황토 담장과 먹색 기와가 가까이 보여 옛 도시의 운치를 만끽하기 좋다. 유리창 너머 풍경에 매혹적인 커피 향이 더해지면 가슴 속까지 아늑해진다.

Cafe
커피플레이스 노동점

- 경주시 중앙로 18
- 070-4046-2573
- 10:30~22:00
- 5,000원
- 주차 해동유료주차장, 노동공영주차장

고분 옆 아담한 카페

노동리 고분군의 봉황대 바로 건너편 건물 1층에 있다. 대릉원과 노서리·노동리 고분군을 둘러본 후 쉬어가기 좋다. 커피를 테이크아웃 하여 봉황대를 여유 있게 둘러보는 것도 방법이다. 실내는 아담하다. 벽을 따라 작은 테이블이 일렬로 늘어서 있다. 이곳에 앉아 손을 뻗으면 봉황대가 닿을 듯하다. 조금 더 들어가면 갑자기 넓은 공간이 나오고, 귀퉁이마다 테이블 네 개가 있다. 하얀 벽면에 원목 가구가 배치되어 있어 깔끔하고 세련되고 모던한 느낌을 준다. 사색에 잠기거나 조용히 대화를 나누기 좋은 곳이다.

 Cafe
경주 황남빵
◎ 경주시 황오동 347-1　📞 054-749-7000
🕗 08:00~22:00　₩ 20개 2만 원, 30개 3만 원　ℹ️ 주차 가능

국산 팥의 향과 맛이 그대로
1939년부터 황남동에서 만들어 팔았다고 하여 지금도 경주 황남빵이라 불리고 있다. 100년 기업으로서 3대에 걸쳐 가업을 이어갈 준비 중이며, 얼마 전에는 옛 건물을 헐고 깔끔한 건물로 신축하였다. 정문에 들어서면 빵을 만드는 10여 명의 제빵사가 분주하게 빵을 만드는 모습이 눈에 들어온다. 주방을 개방하여 재료나 위생 등 모든 면에서 자신감을 보여준다. 황남빵은 국산 팥을 사용하여 만든다. 반죽과 팥소의 무게 비율이 약 3:7이며, 빵 껍질은 두껍지 않아 밀가루 냄새가 없고, 빵이 식어도 부드럽다. 황남빵의 지름은 약 3cm 정도로 국화 문양이 새겨져 있으며, 한입에 먹기도 좋고 보기에도 좋다. 황남빵을 가장 맛있게 먹는 방법은 현장에서 구매하여 바로 먹는 것이다. 빵에 따끈한 온기가 남아있을 때 먹으면 국산 팥의 진한 향과 맛을 제대로 느낄 수 있다. 팥소가 따끈하고 은은하게 달콤한 맛이라 질리지 않는다. 대릉원 후문에서 가깝다.

 Cafe

어마무시

◎ 경주시 양정로 41-12 📞 0507-1337-6930 🕐 10:00~23:00
₩ 4,000원~9,000원 ⓘ 주차 가능

한적한 풍경과 달콤한 타라미수

'어마무시하다'라는 말은 '어마어마하다'라는 말과 '무시무시하다'라는 말의 합성어이다. '매우 놀랍고 엄청나며 무서운 느낌이 있다'라는 뜻이다. 카페 주차장으로 진입하는 순간, 어마어마한 느낌을 받는다. 경주에 있는 가게 중에서 이렇게 넓은 주차장을 가지고 있는 곳이 거의 없다. 주차장으로 들어서면 마치 너른 들판으로 진입하는 느낌이다. 그만큼 넓고 시원하다. 카페 건물은 컨테이너를 닮았다. 본 건물로 들어서면 컨테이너 모양이지만 천장이 높은데다 하얀색으로 내부를 꾸며놓아 좁은 느낌이 들지 않는다. 창 밖으로 보이는 풍경이 한적하고 평화롭다. 이곳에 오면 티라미수를 먹어줘야 한다. 한쪽이 살짝 기울어진 듯한 티라미수는 극세사처럼 보드랍고 적당히 달콤하다. 은근히 중독성 있는 맛이라 자꾸 손이 간다. 카페 바로 옆 녹색 건물에서는 피자를 먹을 수 있다. 이곳에서 커피를 마셔도 된다. 대릉원, 첨성대, 동궁과 월지에서 약 1km 떨어져 있다.

 Cafe

슈만과 클라라

경주시 한빛길36번길 36-1 054-749-9449 10:30~22:30
6,000~9,000원 주차 노상 주차, 성건동공영주차장(도보 5분)

강릉엔 테라로사, 경주엔 슈만과 클라라

경관이 좋은 곳에 있는 것도 아니고, 건물 자체가 아름다운 것도 아니다. 하지만 젊은이들이 많이 찾는 경주의 커피 명소 중 하나이다. 입구 맞은편에는 로스팅 공장이 있어 원두커피를 구매할 수 있다. 실내로 들어서면 달콤한 빵 냄새와 진한 커피 향이 가득하다. 1층에는 다양한 무늬의 커피잔과 소품들이 빼곡하게 진열되어 있다. 원목 테이블은 빵과 색깔을 맞춘 듯 잘 어울린다. 볼거리가 많아 커피가 나오기를 기다리고 있노라면 전시회에 온 듯 기분이 좋아진다. 2층은 분위기가 다르다. 벽면을 벽화로 채워 분위기가 더 자유롭다. 1층보다 아늑한 분위기는 덜하지만 편안함과 자유스러움 그리고 예술적인 멋이 느껴져 젊은이들이 좋아한다. 슈만과 클라라는 일본의 명인으로부터 로스팅 기술을 배운 세계적인 커피 감별사가 운영한다. 강릉에 테라로사가 있다면 경주엔 슈만과 클라라가 있다고 말할 정도이다.

 Cafe

소나무정원

경주시 포석로 602-7 054-746-0020 12:00~18:00
₩ 5,000원~15,000원 주차 인근 공영주차장

예술과 커피의 환상적인 만남

삼릉숲 부근에 있는 갤러리 카페이다. 삼릉의 울창한 소나무 숲에서 솔향을 가득 음미했다면, 이번에는 그윽한 커피 향에 취해보자. 잔디가 깔린 정원은 깔끔하다. 유난 떨지 않아 조경이 오히려 매력적이다. 꽃과 나무도 있어 야외 테이블에서도 여유를 즐기기 좋다. 실내에 들어서면 큰 창문 밖으로 소나무 한 그루가 보이는데, 한 폭의 그림 같다. 창틀이 액자가 되어 멋진 풍경을 카페 안으로 끌어들인다. 주인의 미적 안목이 보통이 아니다. 실내가 넓은 편은 아니지만, 아기자기한 소품과 그림이 조화를 이루고 있어 아늑하고 편안하다. 커다란 창문에서 왼쪽으로 들어가면 갤러리가 나온다. 소나무정원은 삼릉숲의 일품 소나무를 보는 즐거움뿐 아니라 예술과 커피의 환상적인 만남도 즐길 수 있는 곳이다. 연인, 부부, 친구, 가족……. 누구와 방문해도 여유롭게 즐거운 시간을 만끽할 수 있다.

 Cafe

카페바담

경주시 포석로 639-6 010-533-2451 매일 10:00~23:00
커피 5,000원, 브런치 6,000원~12,000원

사과밭 옆 한옥 카페

삼릉 소나무 숲 건너편에 있는 사과밭 옆 한옥 카페이다. 경주 시내 황리단길에도 예쁜 카페가 많이 있지만, 바담은 삼릉 소나무 숲에서의 힐링을 마치고 따뜻한 커피 한잔하며 쉬어가고 싶을 때 가기 딱 좋은 곳이다. 봄철엔 하얀 사과꽃이, 가을엔 빨갛고 탐스러운 사과가 한옥 카페의 운치를 더해준다. 시선을 마당으로 돌리면 커다란 항아리가 가득하다. 항아리들은 바담의 또 다른 보물이다. 항아리에선 주인이 직접 담근 된장이 열렬히 발효 중이다. 된장은 손님들에게 판매도 하고 있다. 카페 실내도 근사하지만, 날이 좋은 날엔 마당 옆 테라스로 나가도 좋겠다. 그곳에서 차 한잔하고 있으면 소나무 숲에서의 힐링이 완성되는 기분이 든다. 분위기도 낭만적이라 잊지 못할 추억으로 남게 될 것이다. 커피나 차는 물론 브런치도 즐길 수 있으니, 삼릉을 찾았다면 잊지 말고 바담에 들러보자.

Cafe
백년찻집

경주시 양북면 추령재길 72 054-773-3450
11:00~24:00 7,000원 주차 가능

추령재 정상의 작은 공원 같은 찻집

추령재는 경주 시내에서 감포 방향으로 17km 거리에 있는 고개로, 드라이브 즐기기 좋은 곳이다. 고개 아래쪽에 추령터널이 생겨 지나가는 차량이 줄었기 때문이다. 백년찻집은 추령재 정상에 있는 전통 찻집이다. 추령재 길에 들어서면 찻집을 안내하는 듯 길옆으로 등이 쭉 늘어서 있다. 벌써 찻집에 들어선 기분이 든다. 고개 정상에 오르면 작은 공원 같은 찻집이 나타난다. 돌로 된 담장이 보이고 작지만 기품있는 소나무가 길을 열어주는 곳에 제법 커다란 한옥이 있다. 정원은 야외 박물관 같다. 자연과 인공의 조화, 귀엽고 아름다운 소품들, 모두 아름다워 고개를 돌릴 때마다 감탄사가 절로 나온다. 정원을 지나면 기와지붕 아래 커다란 유리창이 돋보이는 찻집이 나온다. 실내는 원목과 한지로 꾸며 은은하고 고풍스럽다. 원목 탁자엔 꽃 그림을 그렸고, 한지에 좋은 글도 적어 놓았다. 한방차 앞에 두고 커다란 창문으로 후원을 바라보고 있으면 마음이 차분해진다.

 Cafe

스타트커피

◎ 경주시 감포읍 동해안로 1862 ⓒ 10:00~20:30
₩ 5,000원~6,000원 ⓘ 주차 가능

소나무와 푸른 바다가 있는 풍경

감포읍 나정항 근처 도로변에 있다. 빌라 1층 회색 벽에 카페 이름이 붙어 있을 뿐 돌출간판이나 눈에 띄는 표시가 없어 자칫하면 그냥 지나치기 쉽다. 외양은 평범하지만, 문을 열고 들어서면 반전이 펼쳐진다. 내부는 널찍하고 깔끔하다. 탁자 사이 거리가 멀어 여백의 미까지 느껴진다. 더욱 놀라운 것은 바로 창가에 있다. 입구에 들어서서 볼 때는 굵은 소나무가 창가 전망을 가리는가 싶었는데, 가까이 가서 보면 나무들 사이로 푸른 바다가 보인다. 굵은 소나무와 시리도록 푸른 동해. 창밖 풍경이 아니라 유명 작가의 사진 작품을 걸어놓은 것 같다. 창 한편으로는 나정항이 쫑긋 반기고, 나무 사이로 비치는 파란 바다는 마치 캔버스인 듯 자연스럽다. 창가엔 밖을 향한 좌석이 일정한 거리를 두고 이어진다. 창가 좌석에 앉으면 시선이 자연스레 바다로 향한다. 시선이 머문 그곳은, 푸른 동해다.

 Cafe
이스트앵글 베이커리카페
경주시 양남면 해변공원길 4 054-771-4131
주중 10:00~21:30 주말 10:00~22:00 5,000원~7,000원 주차 가능

바다 전망이 탁월한
경주 시내에서 약 1시간 정도 떨어진 양남 해변에 있는 베이커리 카페이다. 양남주상절리에서 울산으로 이어지는 31번 국도변을 따라 많은 카페가 들어서 있다. 어느 곳을 가도 바다로 향하는 전망이 좋지만, 특히 이스트앵글은 탁월한 뷰를 자랑한다. 앞에는 시원한 바다가 펼쳐져 있고 왼쪽으로는 바닷가 마을의 지붕들이 알록달록 멋진 풍경을 만들어준다. 카페에 들어서면 달콤한 빵 냄새가 먼저 반겨준다. 매일 11시부터 12시 사이에 빵이 나오는데, 유기농 밀가루를 사용하여 맛이 담백하면서도 부드럽고 달콤하다. 1층에는 실내와 실외에 좌석이 있으며, 2층부터는 노키즈존이다. 3층은 루프톱인데 시원한 바람을 맞으며 풍경을 즐길 수 있다. 2층과 루프톱은 풍경도 멋지고, 편의시설이 잘 갖추어져 있지만, 직원들의 손길이 조금 부족해서 아쉽다. 그래도 푸른 바다가 빵과 커피 맛을 한껏 돋우어 준다.

Stay
황남관한옥호텔
- 경주시 포석로 1038
- 054-620-5000
- 10만 원~50만 원

황리단길의 한옥 호텔
경주 관광의 중심지 황남동 황리단길에 있는 한옥 호텔이다. 호텔에서 1km 이내에 대릉원, 교촌 한옥마을, 첨성대, 계림, 봉황대노동리 고분군, 노서리 고분군 등이 있어 여행하기 좋다. 여러 채의 한옥이 마을을 이루고 있으며, 정문으로 들어서면 깔끔한 기와집과 소나무가 어우러진 풍경이 눈을 즐겁게 해준다. 객실은 2인실을 비롯하여 다양한 형태의 온돌방이 있다. 숙박 외에 한복 입기 같은 다양한 체험도 할 수 있다. 워크숍이나 돌잔치 등을 할 수 있는 대회의실과 카페 등 다양한 편의시설도 갖추고 있다.

Stay
월암재
- 경주시 남간안길 5-10
- 054-774-1950
- 독채 15만 원~20만 원
- http://경주고택.kr

숲속의 정자 같은 고택
남산자락에 있다. 임진왜란 때 공을 세운 김호 장군의 재실이었던 곳인데, 2009년 신라문화원에서 개보수하여 고택 문화 체험을 위해 활용하고 있다. 한적한 숲속의 정자 같은 고택이다. 대문 양옆으로 듬직한 문지기처럼 서 있는 오래된 벚나무가 운치를 더해준다. 대청마루를 중심으로 양옆으로 방이 나란히 배치돼 있다. 고택 뒤로는 송림이 있고, 대청마루에서 바라보는 탁 트인 전망이 일품이다. 인근에 박혁거세 탄생지인 나정을 비롯하여 양산재, 포석정, 삼릉, 오릉 등이 있다. 첨성대, 대릉원과도 멀지 않다.

Stay
서악서원

◎ 경주시 서악2길 23
☎ 054-774-1950
₩ 2인 기준 5만 원~7만 원
≡ http://경주고택.kr

서원에서 즐기는 고택 음악회

태종 무열왕릉 인근에 있다. 옥산서원과 더불어 흥선대원군의 서원 철폐령에도 존속했던 서원이다. 서원 숙박은 일반 고택 스테이와 색다른 느낌을 준다. 하루쯤 학동이 된 듯 특별한 감흥을 즐기고픈 이에게 추천한다. 2층 누각 영귀루 밑을 통과하면 퇴계가 썼다는 서악서원 현판이 보인다. 방 8개를 갖추고 있고, 30여 명이 묵을 수 있다. 세미나실도 있어 단체 연수에 이용하기 좋다. 숙박은 물론 다도, 전통 의복 체험 등 다양한 프로그램도 운영 중이다. 4월~10월 매주 토요일 저녁에는 고택 음악회가 열린다.

 Stay
도봉서당

◎ 경주시 서악4길 58
☎ 054-774-1950
₩ 2인 기준 10만 원~13만 원
≡ http://경주고택.kr

왕릉 돌아보며 산책하기

서악서원과는 불과 500m 거리이다. 서당 뒤쪽으로는 신라의 중흥기를 연 진흥왕의 능을 비롯하여 진지왕릉과 문성왕릉, 헌안왕릉 등 4기의 왕릉이 있다. 주변 왕릉을 돌아보며 산책을 즐기기 좋다. 건물은 숭앙문, 도봉서당, 추보재 등 총 7개 동으로 이루어져 있으며, 그중 도봉서당, 연어재, 추보재에서 숙박할 수 있다. 세 곳 모두 독채 형식이다. 도봉서당은 큰 방, 작은 방, 마루를 갖추고 있어 가족 단위로 숙박하기 좋다. 연어재와 추보재도 2인실이지만 역시 독채라 고즈넉하다. 서당 뒤편에 서악동 삼층 석탑과 아름다운 꽃밭이 있다.

Stay
경주한옥펜션

📍 경주시 도초길 124-31
📞 010-9558-6718
₩ 7만 원~30만 원
🔗 http://www.gjhanok.kr

조용하고 아늑한 친환경 한옥

태종무열왕릉 남쪽 4km 거리에 있다. 포석정과 삼릉이 동쪽으로 2km 떨어져 있다. 조용하게 쉬고 싶은 여행자에게 추천한다. 본채인 덕인당을 비롯하여 사랑채, 별채로 구성되어 있다. 덕인당은 약 25평 규모의 독채로 가족이나 단체 여행객이 이용하기 편리하다. 사랑채에는 원룸형 방 3개가 있다. 별채에는 10여 평의 원룸형 방과 20여 평 규모의 가족 룸이 있다. 일부 숙소에서는 장작으로 바닥을 데우는 아궁이 난방을 체험할 수 있다. 주인이 직접 거주하기 위해 전통 방식으로 지은 친환경 한옥이라 조용하고 아늑하다.

Stay
라궁

📍 경주시 엑스포로 55-12
📞 054-776-0071
₩ 25만 원~36만 원
(야놀자에서만 예약 가능)

전통 한옥, 현대적인 호텔 서비스

경주 보문단지에 있는 한옥 호텔이다. 라궁은 '신라의 궁'이라는 의미이다. 전통 한옥 양식으로 지은 경주 최초의 호텔로, 전통 한옥에 현대적인 호텔 서비스를 접목했다. 객실은 한옥 16채로 이루어져 있다. 하나의 회랑으로 연결돼 궁궐 같은 거대한 건물을 연상시킨다. 회랑 따라 산책을 즐길 수도 있다. 객실마다 지하 600m에서 끌어올린 알칼리성 온천수 노천탕이 있어 가족과 머물기 좋다. 청도 운문댐 공사 때 수몰될 위기에 처했던 한옥 숙재헌을 현대적인 객실과 마주한 곳에 옮겨다 놓아 대비를 이루며 운치를 더해준다.

Stay

노벨라펜션

경주시 천군1길 24-12
(천군동 1444-10)
054-777-0010
7만 원~27만 원

지하수로 즐기는 스파

보문호 근처 천군동 펜션 마을에 있다. 보문관광단지의 다양한 볼거리와 놀이시설을 즐기기 좋다. 노벨라 펜션은 6개의 건물이 양쪽으로 나뉘어 서로 마주 보고 있어 아늑한 마을 같은 느낌을 준다. 마당에 300인치 대형 빔 스크린이 설치되어 있어 어느 객실이나 테라스에서든 영화나 중계방송을 시청할 수 있다. 실내 분위기는 모던하고 깔끔하다. 방마다 편백 욕조가 있고, 지하 440m에서 끌어올린 지하수가 공급되어, 언제든 스파를 즐길 수 있다. 그밖에 바비큐장, 포켓볼장이 있고 자전거와 전동 킥보드도 즐길 수 있다.

Stay

힐튼호텔경주

경주시 보문로 484-7
054-745-7788
21만 원부터

호숫가의 모던한 호텔

보문호 주변에 쭉 늘어선 호텔 중 가장 남쪽에 있다. 보문관광단지, 경주월드리조트, 우양미술관옛 아트선재미술관이 인접해 있고, 봄이면 힐튼호텔부터 벚꽃 터널이 시작된다. 외관은 서울 남산의 힐튼호텔과 거의 비슷하다. 지하 1층, 지상 8층 규모에 324개 객실을 갖추고 있다. 객실마다 개별 정원테라스이 있다. 금연을 원하는 고객들을 위한 별도의 객실도 갖추고 있다. 주차장에는 약 400대의 차량을 주차할 수 있다. 호텔 내에 식당과 테니스장, 스쿼시장, 수영장, 헬스장 등의 편의시설도 있다.

Stay
라한셀렉트경주
(옛 현대호텔)

- 경주시 보문로 338
- 054-748-2233
- 15만 원부터

보문호 전망이 가장 좋다

보문단지의 특급호텔이다. 보문호를 따라 늘어선 호텔 가운데 제일 앞쪽에 있어 전망이 뛰어나다. 건물 외관이 S자형 유려한 곡선이라 입체적이고 아주 인상적이다. 객실은 440개이며, 타입이 다양하여 취향대로 고를 수 있다. 호텔 내에 6개의 레스토랑과 바, 수영장, 피트니스 센터, 연회장 등 다양한 편의시설을 갖추고 있으며, 야외에 글램핑장과 테니스장도 있다. 호텔 근처에 테디베어박물관, 보문 수상 공연장, 동궁원, 물너울공원 등 볼거리가 다양하다. 때를 잘 맞추면 안개 피어오르는 호숫가를 산책할 수 있다.

Stay
소노벨경주

- 경주시 보문로 402-12
- 054-778-8323
- 10만 원~20만 원

호수 뷰 객실, 다양한 볼거리

2019년 대명리조트가 소노벨경주로 이름을 바꾸고 새로이 출발했다. 라한셀렉트와 힐튼호텔 사이에 있다. 두 개의 건물을 보문호의 곡선과 맞춰 배치하였다. 모두 417개의 객실을 갖추고 있는데, 패밀리형·스위트형·42평형·51평형 등 다양한 타입으로 구성되어 있다. 식당과 오락실, PC방 등 부대시설을 갖추고 있으며, 특히 아쿠아월드가 유명하여 물놀이를 즐기고픈 여행자에게 추천한다. 보문호를 산책하기 좋으며, 토이스토리, 우양미술관, 물레방아광장 등이 근처에 있다.

Stay
베니키아 스위스로젠

◎ 경주시 보문로 465-37
☎ 054-748-4848
₩ 8만 원부터

지중해풍 낭만 즐기기

보문관광단지에 있는 호텔이다. 호숫가를 정원처럼 걷는 즐거움은 누릴 수 없지만, 울창한 수림 가득한 산자락을 눈에 담을 수 있다. 'ㄱ'자형 지상 4층 건물로 아담한 편이지만, 흰색과 파란색이 어우러져 지중해풍 낭만을 만끽할 수 있다. 밤이면 조명을 밝힌 호텔의 모습이 포근한 분위기를 자아낸다. 객실은 모두 60개이며, 그밖에 식당, 당구장 등의 시설을 갖추고 있다. 여름에는 야외 수영장과 비어테라스가 문을 연다. 인근에 한국대중음악박물관, 경주월드리조트, 경주엑스포문화공원 등이 있다.

Stay
스위트호텔경주

◎ 경주시 보문로 280-12
☎ 054-778-5300
₩ 9만 원부터

골프에 관심 많은 여행자에게 제격

보문단지에 있는 아담한 호텔이다. 호텔에서 남쪽으로 10분 정도만 걸으면 보문호숫가의 정취를 맛볼 수 있다. 이곳의 가장 큰 특징은 골프장이다. 호텔 인근에 보문CC와 신라CC가 있고, 놀랍게도 호텔 내에 9홀 파크 골프장이 있다. 골프에 관심 많은 여행자에게 제격이다. 이외에도 족구장, 수영장, 1,500여 평 규모의 축구장이 있어 운동을 좋아하는 여행자에게 추천한다. 호텔은 깔끔하고 세련된 느낌의 4층 건물로 34개의 객실을 갖추고 있다. 인근에 테디베어박물관, 경주 동궁원 등이 있다.

Stay
별그린펜션
- 경주시 북군길 107-25
- 054-749-8883
- 6만 원~30만 원

테라스, 수영장, 족구장, 탁구장이 있는

경주CC 남쪽 북군 펜션 마을에 있다. 지중해풍 건물로, 펜션 마을 중심에 있어 찾기 쉽다. 3층 건물인데 1층에 관리실과 매점, 단체 여행객을 위한 대형 원룸이 있다. 2층에는 3개의 객실이 있다. 투룸, 커플 베드룸, 원룸으로 되어 있다. 3층에는 4개의 방이 있는데 모두 복층 구조이다. 방마다 개별 테라스가 있어 운치 있는 시간을 보내기 좋다. 그밖에 온수, 스파, 폭포, 나이트 조명을 갖추고 있어 사계절 내내 수영장을 이용할 수 있다. 족구장, 탁구장도 갖추고 있다.

Stay
아트인티아라펜션
- 경주시 북군4길 3
- 010-5269-5459
- 11만 원~24만 원

유럽풍 펜션에서의 오감 만족 여행

별그린펜션과 마찬가지로 북군 펜션 마을에 있다. 유럽 스타일 감성이 묻어나는 펜션으로, 갖가지 나무와 꽃으로 채운 정원이 한 폭의 그림 같다. 21개의 객실은 뿌리, 줄기, 잎사귀라는 3가지 테마로 나뉘어 있다. 실내는 객실마다 조금씩 차이가 있지만, 전체적으로 동화 같은 분위기라 따뜻한 느낌을 준다. 커다란 배 모양 수영장, 카페, 바비큐 장 등의 편의 시설을 갖추고 있으며, 1인용 혹은 커플용 자전거와 보드게임도 즐길 수 있다. 폴라로이드 카메라도 대여해 주며, 주차장이 넓다.

 Stay

산죽마을한옥호텔

경주시 불국로 156　054-772-5666　12만 원~45만 원

프라이빗 마당이 있는 독채형 한옥 호텔

경주 토함산 자락에 있는 독채형 한옥 호텔이다. 보문단지, 불국사나 석굴암을 여행하기 편리하다. TV 프로그램 〈어서 와! 한국은 처음이지?〉에서 다니엘이 독일에서 온 친구들을 데리고 경주로 여행 가서 머물렀던 곳으로도 유명하다. 모두 10개의 독채형 한옥으로 이루어져 있으며, 전통 한옥, 초가, 너와집 등 다양한 형태로 구성되어 있다. 나무 대문의 빗장을 열고 안으로 들어서면 아담한 한옥이 여행객을 맞이한다. 프라이빗하게 마당까지 즐길 수 있어 아이들이 뛰어놀기 좋으며, 아담한 장독대와 어우러진 조경도 아름다워 운치까지 더해준다. 실내도 아늑하다. 취사가 가능하며 목욕탕도 넓고 깔끔하다. 마당에는 파라솔이 있는 나무 탁자가 비치되어 있어 바비큐 파티를 하며 주변의 아름다운 경치를 즐기기도 좋다. 단지 안에 박물관, 한정식 식당, 레스토랑 등을 갖추고 있다.

Stay
종오정

◎ 경주시 손곡3길 37-39
☏ 010-6813-0085
₩ 10만 원~13만 원

정원이 아름다운 고택

보문단지 북쪽에 있는 고택이다. 보문호 물레방아광장을 끼고 천북남로로 접어들어 북쪽으로 5분 정도 가면 손곡동이 나온다. 이 마을의 끝에 종오정 고택이 있다. 고택의 연못은 정원 유적으로 손꼽힌다. 여름이면 연꽃과 꽃분홍 배롱나무꽃이 연못을 화려하게 장식한다. 배롱나무 옆으로는 수령 300년이 넘는 향나무가 우아한 자태를 뽐내고 있다. 고택 뒤로는 소나무 숲이 병풍처럼 둘러쳐져 있고, 뜨락 오른편에 수령 250년 된 측백나무가 있어 고택과 한 폭의 그림을 이룬다. 외갓집에 온 듯 아름다운 추억으로 남을 것이다.

Stay
만송정

◎ 경주시 손곡3길 55
☏ 054-774-1950
₩ 5만 원~16만 원
🔗 http://경주고택.kr

푸른 잔디 마당이 인상적인

종오정에서 남쪽으로 400m 거리에 있는 고택이다. 1926년에 지어진 건물로 2014년부터 아늑한 숙박 체험 고택으로 사용되고 있다. 만송정으로 들어서면 넓은 앞마당이 인상적인데, 푸른 잔디밭, 이끼 낀 낮은 담장, 잘 조경된 꽃과 나무가 있어 더욱 좋다. 마당에서는 족구 같은 게임을 즐겨도 된다. 고택은 본채와 행랑채, 별채로 구성되어 있다. 만송정은 정면 5칸의 건물로 왼쪽에 두 개의 방이 있고 마루를 지나 오른쪽에 한 개의 방이 있다. 방 두 칸은 미닫이문으로 나누어져 있어 넓게 사용하고 싶을 때는 하나의 방으로 사용할 수도 있다.

Stay
해비치펜션

📍 경주시 양남면 진리길 30-37
📞 054-744-4607
₩ 15만 원~27만 원

오션 뷰 객실과 낭만적인 월풀

경주 시내에서 동남쪽으로 35km 거리의 양남면 바닷가에 있다. 인근에 문무대왕릉을 비롯하여 감은사지와 이견대, 양남주상절리와 읍천항 등 볼거리가 많다. 3층 규모로 1층엔 식당과 편의점이 있고, 2층은 카페, 3층엔 객실이 있다. 테라스가 있는 7개의 객실은 모두 바다 전망이라 어느 방에서든 시원하고 멋진 풍경을 마음껏 즐길 수 있다. 특히 객실 내에 낭만적인 월풀을 갖추고 있어 여행의 피로를 말끔히 씻어내기 좋다. 아이들이 놀기 좋은 수영장이 있고, 펜션 앞 방파제에선 낚시도 즐길 수 있다.

 Stay
독락당

📍 경주시 안강읍 옥산서원길 300-3
📞 054-775-1950
₩ 6만 원~30만 원
🔗 https://독락당.com

고택이 주는 아늑함과 예스러움

독락당은 경주의 대표적인 고택이다. 전통 한옥의 운치를 만끽하기 좋다. 독락당은 회재 이언적이 벼슬을 그만두고 낙향하여 지은 집으로 현재 그의 종손이 살고 있다. 울창한 수림과 어우러져 있어 도심에서는 경험하기 힘든 특별한 숙박을 체험할 수 있다. 경주 시내에서 자동차로 30여 분 거리라서 자연 속에서 호젓하고 조용한 시간을 즐기기 좋다. 여름에는 고택 동쪽으로 흐르는 계곡에서 물놀이도 할 수 있다. 옥산서원과 양동마을이 근처에 있다. 고택이 주는 아늑함과 예스러움을 온전하게 경험하고 싶다면, 답은 독락당이다.

Part 3
안동

여행 지도 | 안동 미리 알기 | 버킷리스트
핫스폿 | 맛집·카페 | 호텔·펜션·고택

 **안동 미리 알기**

우리나라 정신문화의 수도
안동은 전통의 원형을 잘 간직한 도시이다. 조용하고 느리게 살고 싶은 생각이 들 때는 안동이 제격이다. 유교와 불교, 전통문화와 우리 정신의 원형이 공존하는 안동은 유유히 흐르는 낙동강을 닮아 맑고 투명하다.

늘 역사의 중심에 있었다

안동이 역사 기록에 본격적으로 등장하는 시기는 삼국시대이다. 기원전 57년, 창녕국古寧國이라는 소국이 안동에 등장했다. 경주에 사로국신라이 나타난 시기와 같다. 3세기 초에 신라의 고타야군으로 편입된 뒤 신라 북부의 주요 거점이 되었다. 후삼국 시대엔 견훤과 왕건이 영남 북부를 차지하기 위해 쟁투했다. 이때 안동고창군의 호족들은 왕건을 도왔다. 패권 전쟁에서 승리한 왕건이 고창군을 안동부로 승격시켰다. 공민왕이1361년 홍건적을 피하여 머물렀을 때 안동 사람들이 정성스럽게 모신 공로로 안동대도호부로 승격되었다. 조선 시대에도 안동은 제법 영광의 길을 걸었다. 고종 32년1895에는 전국 23개 관찰부의 하나로 경상도 동북부 17개 군을 관장하였다. 2016년에 경북의 도청 소재지가 옮겨오면서 다시 경북의 중심도시가 되었다.

성리학의 중심 퇴계와 도산서원

안동을 흔히 한국 정신문화의 수도라고 한다. 퇴계 이황1501~1570이 있었기에 이런 명예를 얻을 수 있었다. 영남학파는 정몽주, 길재, 김종직을 거치면서 여러 학맥을 형성하였다. 1,500년대에 여러 학맥이 퇴계학파로 수렴되어 영남학파의 중심이 되었다. 서애 류성룡과 학봉 김성일이 퇴계의 제자이다. 도산서원은 퇴계학의 중심이다. 낙동강을 바라보는 서원에 들어서면 정면 3칸, 측면 1칸의 아담한 기와집이 나오는데 이곳이 바로 도산서당이다. 1561년 정계에서 은퇴한 이황이 학문을 연구하고 후학을 기르기 위해 직접 설계하여 지었다. 도산서당의 왼쪽과 뒤쪽으로 서원 건물들이 들어서 있다. 도산서원에서 북쪽으로 3km만 가면 퇴계종택이 있다. 종택에서 그리 멀지 않은 곳에 퇴계 묘소와 노송정 고택이 있다. 노송정 고택은 퇴계의 조부가 1454년에 지은 집으로, 마당으로 툭 튀어나온 안채 온돌방에서 퇴계가 태어났다.

안동의 대표 브랜드 하회마을

하회마을유네스코 세계문화유산은 안동의 대표 브랜드이다. 원래는 김해허씨와 광주안씨가 먼저 정착하였고, 뒤이어 풍산류씨가 들어왔다. 18세기 이후엔 류씨만 남았다. 낙동강이 'S'자로 흐르는 풍수지리적인 형태도 흥미롭지만, 기와집과 초가의 조화가 절묘하여 산책하는 재미가 쏠쏠하다. 현재 120여 가구, 300여 명이 살고 있으며, 양진당보물 306호을 비롯한 12개 가옥이 보물 및 중요민속자료이다. 하회마을은 서애 류성룡1542~1607이 태어난 곳이다. 그는 21세 때 퇴계 밑에서 공부했다. 훗날 임진왜란을 수습한 뒤 낙향하여 임진왜란의 원인과 전황을 기록한 〈징비록〉국보 제132호을 집필하였다. 징비록은 미리 징계하여 후환을 경계한다는 뜻이다. 하회마을과 더불어 둘러봐야 할 곳이 서원 건축의 절정으로 꼽히는 병산서원이다. 만대루에서 바라보는 병산과 낙동강 풍경이 절경이다. 7폭 산수화가 따로 없다.

봉정사 대웅전과 헛제삿밥

유교의 땅이지만, 이 도시엔 불교 유산도 많다. 전탑이 많은 것도 특별하지만, 그래도 최고 불교 유산은 봉정사이다. 봉정사 극락전은 우리나라에서 가장 오래된 목조 건축물이다. 나이 무려 800살이다. 하지만 건축미는 200년 어린 대웅전이 앞선다. 생명이 없는 건물인데도 대웅전에서는 생명의 기운이 느껴진다. 부석사 무량수전, 수덕사 대웅전을 대할 때처럼 대웅전을 보고 있으면 콩닥콩닥 가슴이 뛴다. 오래된 도시는 음식문화도 남다르다. 찜닭이 유명하지만, 이건 1990년대 이후의 일이다. 헛제삿밥은 유교문화의 흔적을 잘 보여준다. 제사를 지내지 않지만, 제사음식처럼 차린 음식이다. 비빔밥에 탕국과 부침개가 더량지다. 간고등어는 내륙지방의 특징을 잘 보여준다. 바다와 먼 안동에서 생선을 오래 보관하기 위해서는 염장이 최선이었는데, 그 대표 선수가 간고등어이다. 국시라 부르는 국수는 안동을 대표하는 잔치 음식이다. 많은 손님을 한꺼번에 대접하기 위해 미리 삶아 건져놓아 건짐국수라 부르기도 한다.

안동을 빛낸 영웅, 이상룡·이육사·권정생

임시정부 초대 국무령을 지낸 석주 이상룡1858~1932 선생은 안동을 대표하는 독립지사다. 고성이씨 집안은 선생을 비롯해 9명의 독립운동가를 배출한 명문가이다. 이상룡 선생은 500년 역사를 지닌 대종택 임청각 보물 제182호에서 나고 자랐는데, 일본은 독립운동가 집안의 기를 꺾고, 조선인들의 독립 의지도 꺾겠다며 1942년 임청각 일부를 강제로 헐어버리고 그 자리에 중앙선 철도를 놓았다. 다행히 2020년에 철도를 철거하고 복원 작업을 준비 중이다. 이육사1904~1944는 퇴계 이황의 14대손이다. 독립운동가이자 만해 한용운과 더불어 민족을 대표하는 저항 시인이다. 안타깝게도 해방되기 한해 전 순국하였다. 도산면의 문학관에서 시인의 융숭 깊은 상상력과 저항정신을 살필 수 있다. 권정생1937~2007 선생은 어른들도 좋아하는 동화작가이다. 〈강아지 똥〉과 〈몽실언니〉를 통해 아이들의 마음에 꿈과 사랑을 심어 주었다. 일직면의 문학관에서 청빈하고 순결한 그의 삶과 문학 세계를 체험할 수 있다.

안동 버킷리스트 & 포토 스폿

MUST GO

01 하회, 선비의 마을 산책하기

하회마을은 경주 양동마을과 쌍벽을 이루는 안동의 집성촌이다. 마을을 둘러보며 조선 시대의 양반 가옥을 살펴볼 수 있고, 부용대에 오르면 마을을 발아래에 두고 한눈에 감상할 수 있다. 하회별신굿 탈놀이를 감상하며 조선의 해학을 느껴보는 것도 또 다른 즐거움이다.

02 병산서원에서 7폭 산수화 감상하기

병산서원 들어가는 길은 아직 거칠고 좁다. 울퉁불퉁한 길을 따라 들어서면 낙동강을 바라보는 서원이 보인다. 입교당 마루에 걸터앉으면 만대루 기둥 사이로, 그리고 만대루 지붕 위로도 병산과 낙동강이 보인다. 거기, 7폭의 산수화가 걸려 있다. 이 맛에 병산서원을 찾는다.

03 월영교와 월영정 야경 즐기기

낙동강의 월영교와 월영정의 야경이 압권이다. 월영교에서는 낙동강이 한눈에 들어오고 강을 따라 조성된 길에도 조명이 빛이 난다. 월영교 동단에서 강을 따라 이어지는 길을 걷다 보면 원이엄마테마길과 연결되고 이 길은 안동호반나들이길이 된다.

04 권정생, 가난한 어린이를 걱정한 남자의 흔적

그의 생가를 찾았을 때, 개나리가 환했었다. 이렇게 작은 집에서 그는 평생 어린이를 위한 글을 썼다. 그리고 그가 남긴 흔적을 찾아 동화 나라로 가보자. 거기서 당신은 어린이를 사랑한 거인을 만난다. 죽어서도 가난한 어린이를 걱정했던 권정생의 유언이 가슴을 울린다.

05 퇴계 선생과 봉정사를 만나러 가는 길

안동엔 유교문화와 불교문화가 아름답게 공존한다. 도산서원은 퇴계 선생이 후학을 가르친 곳이자 그의 학문을 기리는 곳이다. 퇴계 선생이 태어난 종택은 아직도 후손이 정성스럽게 지키고 있다. 봉정사엔 목조 건축의 절정인 대웅전이 당신을 기다리고 있다.

MUST EAT

01 시대가 담긴 맛, 헛제삿밥과 간고등어
헛제삿밥은 비빔밥과 비슷하지만, 탕국과 부침개류가 더해진다. 원래는 고추장을 사용하지 않았으나 지금은 고추장도 같이 나온다. 까치구멍집이 유명하다. 안동에 가면 간잡이 명인이 만든 자반고등어도 먹어야 한다. 짭짜름한 간고등어는 마성의 맛이다. 일직식당을 기억하자.

02 찜과 갈비를 한 번에, 그리고 담백한 농촌 정식
안동의 숯불갈비는 다른 곳과는 확실히 다르다. 맛있는 고기는 많지만, 고기를 먹고 나면 고기에 붙은 뼈로 찜을 해주는 곳은 없다. 갈비찜으로 만든 국물이 일품요리 부럽지 않다. 거창숯불갈비가 유명하다. 일직면의 안동화련은 연과 산야초로 향토 음식점을 만든다. 자연을 담는 맛집이다.

03 전국 3대 빵집은 어떤 맛일까?
맘모스제과는 대전 성심당, 군산 이성당과 함께 전국 3대 빵집으로 통한다. 크림치즈빵으로 전국을 제패하였다고 해도 과언이 아니다. 호빵처럼 동글동글한 모양인데 크림치즈가 듬뿍 들어가 있어 쫄깃한 식감이 좋다. 상큼하고 부드럽고 달콤한 유자파운드도 추천한다.

PHOTO HOT SPOT

01 월영교와 낙강물길공원
월영교는 연인이 손잡고 건너면 영원한 사랑을 한다는 속설이 전해진다. 깊은 밤보다 해가 진 직후에 더 좋은 사진을 얻을 수 있다. 낙강물길공원은 연못이 줄어드는 곳에 있는 돌다리가 포토 스폿이다. 분수와 메타세쿼이아가 당신을 위해 멋진 배경이 되어준다.

02 〈미스터 션샤인〉의 사랑 고백 장소, 만휴정
"합시다, Love, 나랑 같이." 길안면의 묵계 종택과 서원에 갔다면 꼭 만휴정에 들러야 한다. 〈미스터 션샤인〉에 나온 김태리와 이병헌처럼, 다리 위에서 악수하며 사진을 찍어야 한다. 만휴정과 다리, 그리고 계곡이 어우러진 풍경을 배경으로 인생 사진을 찍어보자.

SIGHTSEEING
안동시 명소

 Sightseeing

하회마을

- 경북 안동시 풍천면 전서로 186
- 054-853-0109
- 4월~9월 09:00~18:00, 10월~3월 09:00~17:00
- 입장료 1,500원~5,000원 버스 11, 246, 276

강이 휘감아 흐르는 안동의 으뜸 마을

안동 시내에서 서쪽으로 25km 거리에 있다. 풍산 류씨가 600년간 대를 이어 살고 있다. 낙동강이 마을을 휘감고 흘러 하회라는 이름을 얻었다. 풍수적으로 연꽃이 물 위에 떠 있는 모습연화부수형으로 알려졌다. 이중환은 <택리지>에서 하회를 안동의 최고 마을이라 평했다. 마을 중심부의 600년 된 느티나무를 중심으로 약 120호가 옹기종기 모여 있다. 하회마을에는 서민들의 하회별신굿 탈놀이, 양반들의 선유줄불놀이 등의 전통 유산도 잘 보존되어 있다. 유네스코는 고건축 양식, 공동체 문화, 관혼상제 등의 가치를 인정하여 경주 양동마을과 함께 세계문화유산으로 지정하였다.

하회마을 셔틀버스와 전동차

입장권을 구매하면 하회마을 주차장매표소과 마을 입구매표소에서 도보 15분를 왕복하는 무료 셔틀버스에 승차할 수 있다. 하회마을 입구에 도착하여 귀여운 전동차를 대여하면 좀 더 편하게 마을을 돌아볼 수 있다. 전동차 대여비는 2인승은 60분에 2만 원, 3인승은 60분에 3만 원이다.
셔틀버스 코스 하회마을 매표소(주차장) → 하회마을 입구 소요 시간 편도 3분(1.2km 거리, 5분 간격으로 운행)
운행 시간 10월 1일~3월 31일 09:00~18:00, 4월 1일~9월 30일 09:00~19:00

ONE MORE

하회마을의 오래된 가옥, 양진당과 충효당

하회마을의 하회종가길을 중심으로 위쪽은 북촌, 아래쪽은 남촌이라 한다. 북촌에는 양진당이 있고, 남촌에는 충효당이 있는데, 역사와 규모 면에서 서로 쌍벽을 이룬다. 양진당보물 제306호은 풍산 류씨의 대종가로 풍산 류씨가 처음 하회마을에 자리 잡았던 곳에 있다. 사랑채는 고려 건축양식이고, 안채는 조선의 건축양식이다. 정남향의 99칸이었다고 전해지는데, 현재는 53칸만이 남아있다. 충효당보물 제414호은 서애 류성룡의 종택으로 그의 사후에 지어졌다. 조선 중기 사대부 가옥의 전형을 보여주고 있으며, 현재 52칸이 남아있다. 충효당 사랑채 오른쪽에는 징비록국보 132호과 류성룡의 유물을 보관, 전시하는 영모각이 있다.

양진당 ⓘ 안동시 풍천면 하회종가길 68 **충효당** ⓘ 안동시 풍천면 하회종가길 69

부용대에서 하회마을 내려다보기

하회마을은 마을 안쪽을 돌아보고, 북서쪽에 있는 만송정 솔숲 쪽으로 코스를 잡는 게 좋다. 강변 솔숲에는 수령 100년이 넘은 소나무 100여 그루가 그윽한 솔향을 뿜어낸다. 느리게 걸으며 산책하기 좋다. 솔숲 건너편에는 해발 64m의 절벽 부용대가 있다. 푸른 낙동강과 어우러진 절벽의 모습이 한 폭의 그림 같다. 배를 타고 강을 건너 부용대에 오르면 기와집과 초가집이 절묘하게 어우러진 하회마을 풍경을 한눈에 넣을 수 있다. 부용대로 가다가 류성룡의 맏형 류운용이 1564년에 지은 겸암정사와 옥연정사, 화천서원까지 돌아볼 수 있다.

만송정 솔숲 ⓘ 안동시 풍천면 하회리 1164-1
부용대 ⓘ 안동시 풍천면 광덕솔밭길 72
겸암정사 ⓘ 안동시 풍천면 풍일로 181

# Sightseeing

하회별신굿탈놀이

📍 경북 안동시 풍천면 하회종가길 3-15
📞 054-854-3664 🕑 14:00~15:00(1·2월 토·일, 3~12월 화~일)

한바탕 놀아 볼까! 얼쑤!

하회탈국보 121호은 하회별신굿 탈놀이국가무형문화재 69호에 사용되는 가면이다. 찬찬히 살펴보면 신비롭고 초월한 듯한 표정이 깊은 인상을 준다. 하회별신굿 탈놀이는 안동 양반들의 허위의식과 권위 의식을 날카롭게 풍자하여 서민들의 억눌린 마음을 달래는 탈놀이다. 하회마을 초입에 있는 전수관에서 탈놀이를 관람할 수 있다. 공연은 1시간 정도 이루어진다. 공연 시간보다 30~40분 정도 일찍 도착하면 하회마을의 유래와 하회탈, 그리고 하회별신굿 탈놀이에 대한 간단한 해설을 들을 수 있다. 일찍 와서 좋은 좌석을 확보하는 것은 덤이다. 탈놀이는 원래 10개의 마당으로 이루어져 있으나, 전수관에서는 무동마당, 주지마당, 백정마당, 할미마당, 파계승마당, 양반선비마당 등 6개 마당을 공연한다.

ONE MORE 하회세계탈박물관, 하회탈부터 아프리카 탈까지

하회마을 입구 주차장 옆에 있다. 우리나라 중요무형문화재와 지방문화재 공연에서 사용하는 탈 약 200여 점을 전시하고 있다. 중국, 일본, 태국, 인도, 몽골 등 아시아 각국의 다양한 표정을 담은 탈뿐만 아니라 아프리카의 주술용 탈, 벽사용 탈, 주술 가면 등 다채로운 표정의 탈도 흥미롭게 구경할 수 있다. 하회별신굿 탈놀이를 관람한 뒤 들러보기를 추천한다. 하회탈의 신비롭고 초월한 듯한 표정을 가슴에 담아보자. 탈 체험 프로그램도 운영한다. 📍 경북 안동시 풍천면 전서로 206 📞 054-853-2288
🕑 09:00~18:00(1월 1일, 구정, 추석 휴무. 입장료 무료)

Sightseeing
병산서원

경북 안동시 풍천면 병산길 386   054-858-5929   버스 246

서원에서 감상하는 7폭 산수화

조선의 5대 서원도동서원, 도산서원, 소수서원, 옥산서원, 병산서원 중 하나로, 하회마을에서 4km 거리에 있다. 고려 중기부터 지금의 풍산읍에 있던 풍악서당을 선조 5년1572년 류성룡이 현재 자리로 옮기면서 병산서원이라 불렀다. 낙동강은 하회리와 병산리 두 마을을 품에 담고 휘감으며 흐르는데, 그 서쪽 끝에 하회마을이 있고 동쪽 끝에 병산서원이 있다. 하회에서 병산서원으로 가는 길은 좁고, 구불구불하다. 마치 미지의 세계로 들어가는 느낌이 든다. 서원으로 들어서면 정면에 만대루가 있다. 만대루는 서원 안과 서원 바깥쪽 낙동강과 병산의 절벽 풍경을 이어주는 누각으로, 한국 서원 건축의 백미로 꼽힌다. 만대루 아래를 지나면 한 단계 높은 곳에 입교당이 있다. 병산서원의 핵심 건물로, 이곳에서 강학이 이루어졌다. 입교당 마당에서 만대루를 통해 바라보는 낙동강과 병산의 모습은 마치 7폭의 병풍을 보는 듯하여 감탄이 절로 나온다. 입교당 뒤뜰의 400년 된 배롱나무도 압권이다. 너무 아름다우니, 서원을 둘러보고 나올 때는 만대루 앞에 서서 7폭의 산수화를 다시 한번 감상하시길!

Sightseeing

월영교

경북 안동시 석주로 203 분수 가동 4월~10월 말 토·일 12:30, 18:30, 20:30에 20분간
주차 월영공원 옆 월영공영주차장 버스 3, 3-1, 557, 559

미투리 모양의 사랑교

월영교는 안동댐 수문 아래에 있다. 길이 387m, 너비 3.6m의 목책 인도교로 국내에서 가장 긴 나무다리다. 미투리삼·모시 등으로 만든 신발 모양의 곡선형 다리로 중간쯤에 월영정이라는 정자가 있다. 교각의 분수와 야간 조명이 어우러지면 풍경이 무척 황홀하다. 솜털 같은 강바람이 불거나 물안개라도 피어오르면 선경이 따로 없다. 월영교는 이른 아침이나 조명이 들어오는 초저녁이 더 아름답다. 월영교는 풍경만큼 아름다운 스토리도 품고 있다. 1998년 안동대학교 박물관은 고성이씨 집안의 무덤에서 보존상태가 양호한 남자 미라를 발견했다. 주인공은 31세에 요절한 이응태였다. 미라 머리맡에서 특이한 미투리와 아내의 손편지가 출토되었다. 그의 아내는 자신의 머리카락과 삼을 엮어서 미투리를 만들었다. 그리고 사랑의 마음을 담은 한글 손편지를 써서 남편과 함께 묻었다. 그녀는 편지 속에 자신을 원이 엄마라 표현하고 있다. 남편을 사랑하는 마음이 450여 년이 지나 세상에 전해졌고, 이 사랑 이야기를 월영교에 투영하여 미투리 모양으로 만든 것이다. 다리 건너편에 안동호반나들이길이 조성되어 있다.

Sightseeing
석빙고

- 안동시 민속촌길 13
- 주차 월영공원 옆 월영공영주차장
- 버스 3, 3-1, 557

왕에게 올릴 은어를 보관하던 곳

월영교 건너 낙동강호반나들이길 옆에 있다. 월영교 동단에서 100m 거리다. 석빙고보물 305호는 조선 영조 13년1737년에 지어진 것으로 낙동강에서 많이 잡히는 은어를 왕에게 올리기 전에 잠시 보관하기 위해 만들었다. 내부는 무덤의 석실 형태를 하고 있으며 위는 흙으로 덮였다. 낙동강 기슭의 넓은 땅에 강줄기를 향하여 남북으로 길게 누워 있다. 특이하게 입구는 북쪽에 내었고 환기구도 있다. 원래는 도산면 동부리 산기슭에 있었으나 안동댐 건설로 수몰 위기에 처하게 되어 지금의 자리로 옮겨졌다.

Sightseeing
선성현객사

- 안동시 민속촌길 13
- 주차 월영공원 옆 월영공영주차장
- 버스 3, 3-1, 557

솔향 그윽한 바람 즐기기

석빙고에서 동쪽으로 난 길을 따라가다 보면 왼편에 '월영대'라고 새겨진 바위가 눈에 들어오고, 이 바위를 지나 조금 더 올라가면 선성현객사가 나온다. 객사는 조선 시대에 각 고을에 설치했던 일종의 관사이다. 선성현객사는 1712년숙종 38 현감 김성유金聖遊가 재건한 것으로 도산면 서부동에 있었는데, 1976년 안동댐 건설로 수몰될 상황이 되자 지금의 성곡동 민속촌으로 옮겨왔다. 객사 주변은 소나무가 무성하여, 그 독특한 자태와 솔향 그윽한 바람을 즐기며 잠시 쉬어가기 좋다.

Sightseeing
안동민속촌

- 경북 안동시 민속촌길 26
- 버스 3, 3-1, 557

옹기종기 초가집, 야외 박물관

월영교 동단 북쪽, 안동 보조댐 부근에 있다. 운치 있는 작은 연못과 정자가 있고 그 위쪽으로 초가집이 산기슭을 따라 들어서 있다. 이곳은 안동댐을 만들 때 수몰된 지역의 가옥 몇 채를 옮겨와 만든 야외 박물관이다. 초가집들은 안동 지역에 있는 옛 모습 그대로 재현하여 다양한 형태를 보여준다. 특히 까치구멍집이 여행자의 호기심을 자극한다. 악취를 빼고 환기하기 위해 지붕에 만든 구멍이 까치둥지를 닮았다고 해서 붙여진 이름이다. 민속촌 근처에 안동이 고향인 시인 이육사의 시비와 민속박물관이 있어 함께 둘러보기 좋다.

Sightseeing
안동민속박물관

- 안동시 민속촌길 13
- 054-821-0649
- 09:00~18:00(연중무휴)
- 300원~1,000원
- 버스 3, 3-1, 557

전시장이자 교육장 그리고 쉼터

안동민속촌 바로 옆에 있다. 안동의 민속문화를 전시하기 위해 1992년에 개관했다. 시민들을 위한 전시장이자 교육장, 쉼터 역할을 하고 있다. 지하 1층, 지상 2층 건물인데, 지상 1층에 1전시실이 있다. 2층에는 제2전시실과 기획전시실, 시청각실이 있다. 안동지방의 의식주 생활과 종교, 의례 관련 자료들, 특히 관혼상제를 중점적으로 전시하고 있으며, 아울러 안동지방 민속놀이를 모형으로 만들어 전시하고 있다. 야외 박물관에는 안동댐 수몰 지역 고가옥과 문화재 등을 전시하고 있다. 영상관람을 위한 시청각실과 영상실도 갖추고 있다.

Sightseeing
유교랜드

- 안동시 관광단지로 346-30
- 054-820-8800
- 화~일요일 10:00~18:00
- 7,000원~9,000원
- 버스 3, 3-1, 557

보고, 느끼고, 체험하다!

안동민속촌에서 남동쪽으로 1.2km 거리에 있는 안동문화관광단지 안에 있다. 유교 관련 우리나라의 풍습과 예절, 생활 등을 스토리텔링으로 구성하여 보고, 느끼고, 체험할 수 있도록 만들었다. 소년이 노년의 선비가 되기까지의 과정이 청년 선비촌과 중년 선비촌, 노년 선비촌 등으로 나누어 전시되어 있다. 참선비촌에선 우리나라의 큰선비 이황과 이이, 류성룡, 정약용 등의 발자취를 더듬을 수 있다. 그밖에 장례 절차, 제사상 차리기, 우리나라의 명문가 등에 대해 전시되어 있다. 콘텐츠를 쉽게 구성하여 아이들과 돌아보면 더 좋다.

Sightseeing
허브마을 온뜨레피움

- 안동시 관광단지로 346-95
- 053-823-8850
- 화~일요일 10:00~18:00
- 1,500원~2,000원
- 버스 3, 3-1, 557

농촌 체험부터 허브의 향기까지

안동문화관광단지에 있는 식물 테마공원으로 파머스랜드, 허브파크, 유리 온실로 나누어져 있다. 파머스랜드에서 출발하여 허브파크를 지나 바위 정원을 거쳐 온실로 가는 게 일반적이다. 파머스랜드는 고추, 오이 같은 농작물의 성장 과정을 체험할 수 있는 곳이다. 간단한 놀이시설과 원두막 등이 있어 아이들과 놀며 사진 찍기 좋다. 허브파크는 꽃과 허브가 가득하여 그 향기와 정취를 느끼기 좋다. 온실에는 이국적 정취가 물씬 나는 야자수, 다육식물, 선인장, 알로에가 자라고 있다. 온실 2층에서는 로즈메리, 애플민트 등 허브 식물을 구경할 수 있다.

Sightseeing
낙강물길공원

안동시 상아동 423　054-850-4203　버스 3번(안동댐 — 엄달골정류장)

숲과 물이 어우러진 한국의 지베르니

월영교 북쪽 1.5km 지점에 있는 매혹적인 비밀의 숲속 정원이다. 한국의 지베르니라고 불린다. 지베르니는 프랑스 파리에서 약 75km 떨어진 곳에 있는 마을인데 인상주의 화가 클로드 모네가 작품활동을 한 곳으로 유명해진 마을이다. 공원 입구엔 메타세쿼이아와 전나무가 빽빽하게 들어서 있어 아늑함을 준다. 마치 키가 큰 멋진 남자들이 서 있는 것 같다. 그 속으로 들어가면 아담한 못이 있다. 연못의 가운데에서 작은 분수가 원을 만들며 떨어진다. 분수보다 더 인기 좋은 핫 포인트는 돌다리이다. 연못의 모양이 오그라드는 곳에 돌다리가 있는데 이곳에서 사진을 찍기 위해 많은 연인이 줄을 선다. 연못에서 나오면 넓은 잔디광장이다. 또 산에서는 인공 폭포가 시원한 물줄기를 쏟아내며 눈과 귀를 즐겁게 해준다. 잔디광장을 지나 위쪽으로 고개를 들면 단풍나무숲이 보이고 그 아래로 작은 오솔길이 보인다. 안동댐으로 오르는 데크 길이다. 길을 다 오르면 곧 안동루가 보인다. 안동루에 올라서면 안동댐 아래 월영교로 이어지는 낙동강의 물줄기가 시야 가득 들어온다.

📷 Sightseeing

임청각

📍 안동시 임청각길 63
📞 054-859-0025
🚌 버스 3, 3-1

그러나 독립 정신은 여전히 살아있다

독립운동가이자 임시정부 초대 국무령을 지낸 석주 이상룡1858~1932 선생의 생가로 9명의 독립운동가를 배출한 집보물 182호이다. 500년 역사를 지닌 고성이씨의 대종택으로, 현존하는 살림집 중에서 규모가 가장 크다. 임청각은 옆으로 길쭉한 모양의 터에 전체적으로 오밀조밀하게 건물을 배치하여 처마와 처마가 겹쳐진다. 그래서 아름다운 조형미가 느껴진다. 건물 중에서 군자정이 유명하다. 임진왜란을 겪은 400년 넘은 건물로 'ㄷ'자 모양의 별당형 정자이다. 일제강점기에 일본은 독립운동가 집안의 기를 꺾고, 조선인들의 독립 의지도 꺾겠다며 임청각 건물 일부를 철거하고 그 자리에 중앙선 철도를 놓았다. 원래 99칸이던 집이 70여 칸만 남은 것이다. 다행히 80년이 지난 2020년에 철도를 철거하고 지금은 임청각 복원 작업을 준비하고 있다.

ONE MORE 종택 옆 법흥사지7층전탑

임청각에서 150m 떨어진 고성이씨 탑동파 종택 옆에 법흥사지 7층전탑국보 제16호이 있다. 흔히 신세동7층전탑이라고 부른다. 높이가 약 17m로, 우리나라 전탑 중 가장 크고 웅대하다. 상승감과 안정감이 동시에 있으며, 특히 균형미가 돋보인다.

📍 경북 안동시 법흥동 8-1

 Sightseeing

신세동 벽화마을

경북 안동시 동부길 2 버스 2, 3-1

해학과 순수, 동심이 살아있는

안동역에서 북동쪽으로 약 800m 거리에 있는 마을로 성진골 벽화마을이라고도 불린다. 벽화 작업은 2009년 마을미술프로젝트 지원사업으로 시작되었다. 대부분의 벽화마을이 그러하듯 이곳도 지대가 높은 곳이라 마을 끝까지 올라가면 안동 시내가 발아래 아득하다. 벽화는 차분해서 유난스럽지 않은 게 특징이다. 강렬한 색은 별로 사용하지 않고, 담벼락도 알록달록하지 않아 멀리서 보면 한 번에 눈길을 끌어당기지는 않는다. 그러나 은은하게 실감 나는 그림들이 마음을 잡아당긴다. 약간 해학적이면서 순수한 동심 같은 게 보여 기분이 좋아진다. 손바닥만 한 꽃과 엄청나게 큰 꽃, 탑, 동물 그림은 물론 스파이더맨과 키스를 하듯 찍을 수 있는 입체적인 그림까지 다양하다. 게다가 폐타이어로 만든 화단, 뒷다리 들고 소변보는 강아지, 낚시하는 고양이, 담장 위에 두 발을 얹고 바깥세상을 바라보는 개 등 위트 넘치는 조형물도 많다. 미술관을 관람하듯 느릿느릿 걸으며 돌아보기 좋다.

Sightseeing

학봉종택

안동시 서후면 풍산태사로 2830-6
054-852-2087
버스 351

아름다운 마당이 있는 고택

안동 시내에서 북서쪽으로 약 10km 떨어진 서후면 금계리에 있다. 학봉 김성일이 1582년 의성김씨 종가가 있는 안동시 임하면 내앞마을에서 옮겨왔다. 대문을 들어서면 마당 가득 잔디가 깔려 있어 인상적이다. 정원에는 소나무, 다양한 정원수, 거북바위, 모자석 등이 조화를 이루고 있다. 마당을 중심으로 사랑채, 안채, 누각 풍뢰헌, 학봉의 유물을 전시 보관하는 운장각, 사당이 들어서 있다. 풍뢰헌 앞에서 사랑채와 마당, 그리고 대문을 한 폭에 넣고 바라보는 풍경이 그림처럼 아름답다. 얼마나 운치가 흐르는지 사랑채 마루에 앉아 친구와 술 한잔하고 싶어진다. 고택 체험 프로그램을 운영한다.

> **ONE MORE 학봉 김성일은 누구?**
>
> 학봉1538~1593은 퇴계의 제자로 서애 류성룡과 쌍벽을 이룬 인물이다. 하지만 역사에서는 일본에 통신사 부사로 갔다가 돌아와 왜적은 조선을 침범할 계획이 없다고 보고하여, 전쟁 대비를 방해한 인물로 소개되기도 한다. 나라가 혼란에 빠지고 민심이 흉흉해지는 것을 막으려고 그런 보고를 했다는 이야기도 있으나 사정이 어떻든 두고두고 아쉬움이 남는다. 임진왜란 발발 후 류성룡의 도움으로 처형 위기에서 벗어났다. 진주성에서 왜군과 싸우다 병사하였다.

Sightseeing

봉정사

안동시 서후면 봉정사길 222　054-853-4181　600원~2,000원　351

절이 곧 불교 건축박물관이다

안동 시내에서 영주 봉화로 가는 길을 따라 북서쪽으로 약 15km쯤 가면 천등산에 깃든 봉정사가 나온다. 꽤 유명한 절이지만 가는 길이 요란스럽지 않아 좋다. 주차장에서 봉정사로 가는 길은 소나무 숲 오르막길이다. 숲길에 들어서면 다른 절 같은 상업적인 분위기는 전혀 없고 운치가 느껴진다. 걷다가 지칠 즈음 일주문이 나타나고 한숨 돌리고 조금 더 오르면 살짝 비켜 앉은 만세루가 보인다. 만세루는 봉정사 입구인 누문이다. 2층 건물인데 1층은 문이고 2층은 누마루이다. 만세루 밑으로 들어가 계단 몇 개를 오르면 대웅전국보 제311호 뜰에 서게 된다. 대웅전 서쪽에는 극락전국보 제15호이 있는데, 대웅전 앞마당과 극락전 앞마당 사이에는 화엄강당이 들어서 있어 두 마당을 구분해준다. 대웅전 동쪽 숲길을 따라 올라가면 영화 〈달마가 동쪽으로 간 까닭은〉의 배경 무대로 등장하여 유명해진 봉정사의 부속 암자 영산암이 있다. 봉정사는 그 자체가 건축박물관이다. 고려 때부터 조선 후기까지 약 700년 동안 변해온 사찰 건축양식을 한곳에서 살펴보는 재미가 특별하다.

ONE MORE 기품 넘치는 봉정사 대웅전

봉정사 대웅전국보 제311호은 고려 말 또는 조선 초기 건축으로 추정된다. 정면 3칸 측면 3칸에 팔작지붕을 하고 있으며, 극락전보다 건축적인 완성도가 높다. 단청이 바랬고 기둥과 창살의 무늬가 희미해졌지만, 날렵한 제비 날개를 닮은 처마를 보면 봉황이 아닐까 싶을 정도로 우아하고 세련되어 보인다. 대웅전은 한마디로 기품이 넘친다. 얼핏 보면 사대부집 사랑채처럼 보이기도 한다. 절 건축물로는 독특하게 툇마루와 난간을 만들었기 때문이다. 이는 아마도 안동의 양반가 건축에서 영향을 받은 것으로 보인다. 양반의 건축문화를 받아들인 불교 사찰, 봉정사의 유연함이 돋보인다.

가장 오래된 목조건물, 봉정사 극락전

봉정사 극락전국보 제15호은 우리나라에서 가장 오래된 목조건물이다. 부석사 무량수전, 수덕사 대웅전보다 먼저 지어진, 우리나라 목조 건축사에서 꼽히는 건축물이다. 1972년 해체복원 작업 중에 상량문이 발견되었다. 창건 시기가 신라 문무왕 때이며, 고려 공민왕 12년1363에 중수한 것을, 조선 인조 13년1625에 다시 지붕을 수리했다는 사실 등을 그때 알게 되었다. 공포의 처리 방식이나 바닥에 검은 전벽돌이 깔린 점 등으로 미루어 고려 때 지은 건물로 추정하고 있다. 유명세와 달리 부석사 무량수전과 수덕사 대웅전보다 훨씬 소박하고 간결하다.

Sightseeing

안동군자마을

안동시 와룡면 오천리 산 27-1
010-2715-2177 버스 1, 558, 567

자연과 어우러진 고택 돌아보기

와룡면 오천의 군자마을은 안동 시내에서 북서쪽으로 약 20km 거리에 있다. 이 마을에는 20여 채의 고택이 있는데, 광산 김씨 예안파 사람들이 20대에 걸쳐 600여 년 동안 대를 이어 산 집이다. 이 고택들은 원래는 낙동강 기슭의 '외내'라는 마을에 있었다. 1974년 안동댐 건설로 외내가 수몰될 위기에 처하자 모든 가옥과 정자, 전적, 유물 등 마을 소유의 문화재를 원형 그대로 현재의 장소인 안동시 와룡면 오천리로 옮기고 마을 이름을 군자마을이라 지었다. 고택 가운데 중요민속자료 제227호인 후조당後彫堂은 광산 김씨 종택의 별당이다. 조선 중기의 학자 후조당 김부필이 세웠으며, 격식 있으면서도 은근히 화려함을 지니고 있어 눈길을 끈다. 후조당 대청에는 퇴계가 쓴 현판이 지금도 걸려있다. 그밖에 영남지방의 개인 정자 가운데 가장 아름다운 건축물로 꼽히는 탁정청, 운암정사라고도 불리는 침락정 등이 있다. 군자마을에서는 아름다운 자연과 어우러진 고택들을 돌아보며 여유를 즐기기 좋다.

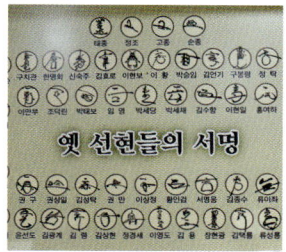  

◉ Sightseeing
유교문화박물관

◎ 안동시 도산면 퇴계로 1997 ☎ 054-851-0800

ⓒ유교문화박물관

⏰ 화~일요일 09:00~17:30(월요일 휴무, 월요일이 공휴일일 때는 개관) 휴관 1월 1일, 설, 추석 ₩ 무료 🚌 버스 1, 560, 567

국내 유일의 유교 전문 박물관

오천 군자마을에서 북쪽으로 3.8km 떨어진 도산면 서부리에 있다. 한국국학진흥원의 부속기관이다. 남쪽에 있는 건물이 한국국학진흥원이고 북쪽 건물이 유교문화박물관이다. 유교문화박물관은 유교에 바탕을 둔 우리나라의 정신과 전통문화를 이해하는 데 도움을 주는 다양한 볼거리를 전시하고 있다. 유교문화의 형성과 전개 과정, 한국 유학의 흐름과 학맥을 이해할 수 있으며, 맹자의 성선론을 영상으로 공부할 수 있다. 또 오륜의 내용을 가상 마을 모형을 통해 재미있게 소개해주는 오륜마을을 여행하고, 퇴계의 마음공부와 몸 공부에 관해서도 배울 수 있다. 천문과 지리를 중심으로 유교 과학에 대해서도 흥미롭게 살펴볼 수 있다. 태종과 정조, 퇴계와 이이, 류성룡 등 조선 시대 왕과 정치가들의 서명도 구경할 수 있어서 재밌다. 다양한 유교 관련 유물, 이를테면 고도서와 왕의 밀지, 지도, 천문도, 책상, 벼루, 연적, 필통 등도 전시하고 있다. 목판 인쇄 체험, 부채 체험 등 다양한 체험 프로그램과 박물관 학교도 운영하고 있다.

Sightseeing

도산서원

안동시 도산면 도산서원길 154   054-856-1073   매일 09:00~18:00(동절기 09:00~17:00)   600원~1,500원
버스 560, 567

영남 유학의 총본산

안동 시내에서 북동쪽으로 자동차로 35분 거리에 있다. 한국 정신문화의 정수로 꼽히는 퇴계 이황1501~1570의 학문과 덕행을 기리는 서원이다. 크게 도산서당 영역과 도산서원 영역으로 나누어진다. 산자락 경사진 곳에 건물을 오밀조밀하게 배치하여 산의 품에 안긴 듯 아늑하다. 도산서당은 퇴계가 직접 설계하여 후학을 가르치며 학문을 연구했던 곳이다. 딱 세 칸의 소박한 건물로 1561년 지었다. 넓지 않은 공간에 정원도 가꾸었다. 서당 앞마당 작은 연못 '정우당'에 연꽃을 심었고, 산기슭에는 작은 단을 쌓아 매화, 대나무, 소나무, 국화 등을 심고 '절우사'라 이름 지었다. 1570년 퇴계가 사망하자 1574년 사당인 상덕사보물 제211호를 지어 퇴계의 위폐를 봉안하였다. 더불어 강학의 중심 건물인 전교당보물 제210호, 기숙 시설인 동재와 서재를 지어 1576년 도산서원을 완성하였다. 전교당 정문의 '도산서원' 현판은 선조의 명으로 조선 중기의 명필가 한석봉이 썼다. 서원 앞 낙동강 건너편엔 정조 때 치른 지방별과地方別科를 기념하여 세운 시사단이 섬처럼 서 있다.

Sightseeing
퇴계종택

◎ 안동시 도산면 백운로 268 ☏ 054-856-1074

일본군이 불 지른 곳에 다시 짓다

도산서원에서 북쪽으로 약 3km 거리에 있다. 원래 종택은 1907년에 일본군에 의해 불타 버렸고 현재 종택은 퇴계의 13대손 이충호가 임씨의 종택을 매입하여 1929년에 다시 세웠다. 같이 불탄 정자 추월한수정과 사당도 새로 지었다. 종택, 추월한수정, 사당 영역을 돌담으로 명확하게 구분한 게 특징이다. 추월한수정은 조선 중기의 문신 권두경이 퇴계를 기리고자 1715년에 지은 정자이다. 안타깝게도 일제의 방화로 소실된 것을 정면 5.5칸, 측면 2.5칸의 'ㅡ'자형의 건물로 다시 지었다. 정자의 이름을 갖고 있지만, 건물 형태는 별채나 사랑채 분위기가 나며, 외부와 바로 연결되는 3칸짜리 솟을대문도 따로 가지고 있다. 최근 대청에 유리문을 달아 근대건물 느낌이 살짝 난다.

> **ONE MORE**
> **퇴계 철학의 핵심, 주리론**
>
> 이황은 조선 지성사의 큰 산맥이다. 그는 주자주희의 이기이원론理氣二元論을 더욱 발전시켜 '동방의 주자'로 불린다. 그는 '이'사단, 인·의·예·지를 '기' 칠정, 기쁨·화남·슬픔·두려움·사랑·악함·욕심보다 중요하게 여겼다. 4단은 이理에서 나오는 마음이고 칠정은 기氣에서 나오는 마음인데, '이'를 중심에 둔다고 하여 이황의 철학을 주리론이라 부른다. 이황의 제자 류성룡, 김성일, 정구 등이 주리론을 계승해 영남학파를 이루었다.

📷 Sightseeing
노송정 고택의 퇴계태실

📍 경북 안동시 온혜마중길 46-5 📞 054-856-1052

퇴계가 태어난 고택

퇴계종택에서 북서쪽으로 약 7km쯤 가면 퇴계태실이 나온다. 이황의 조부가 세운 건물인데, 이황이 태어난 곳이라 퇴계태실이라고 부른다. 대문 이름이 '성림문'聖臨門인데, 퇴계의 수제자 학봉 김성일이 '성인이 든 문'이라는 뜻을 담아 지은 이름이다. 성림문에 들어서면 정면에 노송정이라는 정자가 보인다. 노송정은 퇴계의 조부 이계양의 호다. 그래서 이곳을 노송정 고택이라고도 부른다. 본채는 안마당을 중심에 둔 'ㅁ'자형이다. 본채 중앙에 누각처럼 독특하게 앞으로 툭 튀어나온 방이 있는데, 이 방이 바로 퇴계태실이다. 방에 일반인도 들어가 볼 수 있다. 주변에 도산서원을 비롯하여 퇴계종택과 퇴계태실, 그리고 퇴계기념공원, 퇴계묘소 등 퇴계 관련 명소들이 모여 있어 함께 둘러보기 좋다.

> **Travel Tip 안동선비순례길 3코스를 걸어보세요!**
>
> 안동선비순례길은 자연 친화적인 탐방로로 모두 91km에 이른다. 이를 9개의 코스로 나누어 놓았는데, 퇴계종택에서 시작하는 길은 3코스 6.3km이다. 이 길은 '광야', '청포도' 등을 노래한 시인 이육사의 고향 원천마을을 지나가 청포도길이라고도 불린다. 퇴계묘소, 하계마을의 독립운동기념비, 수졸당, 이육사문학관, 원천마을, 갈운정 등을 돌아보며 걷기 여행을 즐기기 좋다.

 Sightseeing
이육사문학관

안동시 도산면 백운로 525　054-852-7337
화~일요일 09:00~18:00　₩ 1,000원~1,500원　버스 567

청포도의 시인을 기리다

도산면 원천리는 이육사의 고향이다. 이육사문학관은 그의 탄생 100주년이 되던 2004년 그의 고향에 세워졌으며, 재증축 공사를 통해 2018년 현대적 건물로 재탄생했다. 문학관 입구에 서면 온화한 표정의 이육사 동상이 여행자를 맞이해준다. 이육사문학관은 전시관, 생활관, 이육사 생가로 구성되어 있다. 전시관 1층에서는 육사의 독립운동가 활동과 17번의 수감 생활, 문학 활동 등을 찾아볼 수 있다. 2층에는 육사의 생애와 교육 환경, 혈연관계 관련 내용을 전시하고 있으며, 육사의 시집을 구매할 수 있는 북카페도 있다. 전시관 맞은편에는 복원해 놓은 육사의 생가 육우당이 있고, 전시관 뒤편의 생활관은 연수 시설이다.

ONE MORE
시인 이육사는 누구?

이육사1904~1944는 만해와 더불어 대표적인 저항 시인이다. 퇴계의 14대손이다. 본명은 원록이고, 24살에 독립운동을 하다 투옥되었는데, 그때 수인번호가 264였다. 그 수인번호를 따 호를 지었다. 이육사는 1944년 베이징 일본총영사관 감옥에서 순국하였다. 그의 대표 시 '청포도'는 한국인의 애송시이기도 하다. 교과서에는 '광야라는 저항시가 실렸다. 이육사문학관 옆 산길을 따라 올라가면 이육사의 묘소를 만날 수 있다.

📷 Sightseeing
고산정

📍 안동시 도산면 가송길 177-42 📞 054-840-6094 🚌 버스 567번(북곡, 가송)

절벽과 강물이 만들어 내는 선계의 풍광

도산서원에서 북쪽으로 35번 도로를 15분 남짓 달리다 가송리의 농암종택으로 가는 길로 접어들어 구불구불한 길을 따라가면 강 건너에 정자 하나가 보인다. 고산정이다. 마주 오는 차가 있는지 살피며 가야 하는 외길이다. 낙동강의 정취를 제대로 느끼고 싶다면 굳이 고산정까지 들어가지 말고 입구쯤에 차를 세워놓고 걸어가는 게 좋다. 고산정은 절경을 이루는 산의 암벽 옆구리에 들어앉아 있다. 청량산 자락인 이곳은 예로부터 안동의 명승지 가운데 한 곳으로 이름난 곳이었다. 고산정은 이황의 제자인 금난수라는 사람이 지었다. 정면 3칸, 측면 2칸의 홑처마 팔작지붕의 기와집으로 주변의 풍광이 기막히다. 정자 옆에는 깎아지른 절벽이 있고, 그 앞에는 낙동강의 시리게 맑은 강물이 유유히 흐르며, 건너편에도 깎아지른 절벽이 우뚝 솟아 있다. 양쪽 절벽이 작은 협곡을 만들어 낸다. 옛사람들은 이곳을 가송협이라 불렀다. 이황도 자주 찾아와 절경을 즐겼으며, 이곳에서 몇 편의 시를 지었다. <미스터 션샤인>을 촬영한 덕에 핫스폿으로 떠올랐다. 촬영 때 있었던 나루터는 철거되었다.

 Sightseeing

농암종택

안동시 도산면 가송길 162-133 054-843-1202

소나무가 아름다운 마을의 고택

가송길은 낙동강을 끼고 가는 좁고 구불구불한 길이다. 청량산과 어우러진 이곳 풍경은 낙동강 700리 길 중 아름다운 곳으로 꼽힌다. 35번 퇴계로에서 가송길로 접어들어 드라이브를 즐기며 2.5km 정도 달리면 농암종택에 도착한다. 산촌과 강촌의 아름다운 풍경을 동시에 품은 농암종택은 조선 중기의 문신 농암 이현보 1467~1555의 집이다. 이현보는 윤선도의 어부사시사에 영향을 준 어부가를 지은 것으로도 유명하다. 농암종택과 사당 등은 원래 봉화군 소천면의 분천마을에 있었는데, 안동댐이 건설되면서 이곳저곳으로 흩어지게 되었다. 다행히 2008년 후손들이 낙동강 상류 청량산 자락의 가송리로 옮겨왔다. 지금은 농암종택과 분강서원, 강각, 애일당 등이 모여있어, 이들을 농암 유적지라 부르기도 한다. 농암종택은 낙동강이 마주 보이는 살짝 경사진 곳에 들어서 있다. 강각은 낙동강 변 절벽 위의 누각으로 이현보는 이곳에서 어부가를 지었다. 도산서원, 유교문화박물관, 안동 군자마을, 퇴계종택, 도산온천, 이육사 생가 등과 같이 코스를 잡아 돌아보기 좋다.

ⓘ Sightseeing
권정생 어린이문학관 권정생 동화 나라

📍 경북 안동시 일직면 성남길 119 📞 054-858-0808
🕒 화~일요일 09:00~17:00 💰 입장료 무료
🚌 버스 11, 246, 353, 438

시골 동화작가가 꿈꾼 세상
어른들도 좋아하는 동화작가 권정생1937~2007의 삶, 작품, 꿈을 담은 곳이다. 그는 〈강아지 똥〉과 〈몽실언니〉 등 동화를 통해 아이들의 마음에 꿈과 사랑을 심어 주었다. 동화처럼 그의 실제의 삶도 청빈했다고 전해진다. 그를 기리기 위해 폐교를 수리하여 어린이 문학관 '권정생 동화 나라'로 꾸며 놓았다. 입구에 들어서면 그의 동화 〈엄마 까투리〉의 주인공 캐릭터 인형들이 반가이 맞아준다. 문학관에는 권정생 선생의 생전 사진과 자료, 동화 속 삽화, 출간된 책들이 전시되어 있다. 아이들에게 보여주기 위해 찾아갔다가, 어른이 더 많은 위로를 받고 돌아오게 되는 고맙고 소중한 공간이다.

ONE MORE 청빈한 삶터, 권정생 생가

권정생 어린이 문학관에서 북서쪽으로 4.8km 거리에 있다. 일본에서 태어난 그는 1947년 안동의 일직면 조탑리에 정착하게 된다. 1967년부터 1982년까지 일직교회의 종지기로 살았다. 1981년에 〈몽실언니〉를 처음 교회 회보에 연재하기 시작하였고, 1984년에 창비에서 단행본으로 출간했다. 그의 작은 생가는 〈몽실언니〉의 인세로 지은 작은 집이다. 그는 청빈하게 살았지만, 돈이 없어서가 아니었다. 그는 남은 유산과 앞으로 나올 인세를 모두 북한과 아프리카 어린이를 위해 써달라고 유언을 남겼다. 📍 안동시 일직면 조탑안길 57-12

(◉) Sightseeing
의성김씨 종택
◎ 경북 안동시 임하면 내앞길 1-11 ☎ 054-856-3013 🚌 버스 2, 11, 633

영남의 4대 길지로 꼽히는 명당

의성김씨 종택보물 제450호이 있는 임하면 내앞마을천전마을은 명당으로 꼽히는 곳이다. 이중환은 택리지에서 천전마을을 도산, 하회, 닭실과 함께 영남의 4대 길지로 꼽았다. 천전마을에서도 학봉을 비롯한 5형제가 태어난 의성김씨 종택의 태실은 길지 중의 길지로 유명하다. 학봉 집안의 5형제는 모두가 과거에 급제하여, 사람들은 이 집을 '오과등과댁'이라 불렀다. 후에 자손들이 높은 벼슬에 오르고, 학봉의 부친인 김진도 이조판서가 되어, 의성김씨 종택은 '육부자등과지처'로 알려지게 되었다. 원래의 의성김씨 종택은 화재로 소실되었고, 지금의 집은 16세기 말에 학봉이 관직에서 물러난 후 다시 지은 것이다. 그는 명나라에 사신으로 갔을 때 가져온 북경의 상류층 주택 설계도로 집을 지었다. 그래서 사랑채와 안채, 행랑채의 배치와 구조가 일반 양반집과는 좀 달리 '巳' 자형 평면을 이루고 있다. 내부에 들어갈 수 없어 아쉽다. 그러나 외부를 둘러보는 것만으로도 충분히 명당의 기운을 느낄 수 있어 즐겁다.

Sightseeing

묵계종택

안동시 길안면 충효로 1736-5 0507-1359-0313 버스 628

번잡한 마음에 휴식을 주다

안동 시내에서 동남쪽으로 28km 거리의 길안면 묵계리에 있는 보백당 김계행1431~1517의 고택이다. 조선 전기의 문신 김계행은 묵계리에 낙향하여 보백당과 만휴정이라 이름 붙인 집을 짓고 여생을 보냈다. 만휴정은 보백당 근처 계곡에 있는 정자이다. 종택은 마을 초입에 있어 찾기 쉽다. 대문 앞에는 키 큰 나무가 멋지게 서 있어 눈길을 끈다. 대문을 들어서면 마당 한가운데에 정원수가 가득하다. 정문 왼쪽에 사랑채 보백당이 있고, 정원 뒤로 본채정침가 있다. 보백당은 정면 3칸, 측면 2칸의 홑처마 팔작지붕 건물로 간소하고 담백한 느낌을 준다. 보백당 대청마루에 앉으면 본채와 대문, 정원이 어우러진 풍경이 한눈에 들어온다. 달빛 고요한 밤에 대청마루에 앉아 오랜 벗과 술잔 나누고 싶어진다. 여름 한낮이라면 대청마루에 누워 낮잠을 실컷 즐겨도 좋을 것 같다. 보백당을 시작으로 묵계리는 김계행의 자손들이 대를 이어 살아 안동 김씨 집성촌이 되었다.

ONE MORE 묵계서원, 보백당의 학문과 덕행을 기리다

종택에서 마을 안쪽으로 300m 들어가면 나온다. 보백당 김계행과 청백리 의령옥씨 응계 옥고1382~1435 선생의 학문과 덕행을 기리며 제사를 지내는 곳으로 숙종 13년1687에 세워졌다. 정문을 들어서면 읍청루가 있고 그 뒤로 강당과 동재가 있는데, 이 건물들은 1869년고종 6년 서원철폐령으로 철거되었다가 후대에 다시 복원된 것들이다. 서원 좌측에는 서원을 관리하는 'ㅁ'자형 건물인 주사가 있는데, 이 건물만 서원철폐령 때 철거되지 않았다.

 ## 드라마 〈미스터 선샤인〉 촬영지, 만휴정

묵계종택에서 마주 보이는 산 초입에 있다. 종택에서는 약 800m 거리이다. 길옆으로 흐르는 냇가를 따라 오르막길을 5분 정도만 올라가면 폭포 소리가 들린다. 폭포를 보려고 고개를 들면 폭포와 그 위로 고즈넉이 서 있는 만휴정이 보인다. 그리고 눈에 익은 다리가 시야에 잡힌다. 만휴정은 너른 바위 건너편에 고즈넉하게 자리하고 있다. 규모가 크지는 않지만 혼자서 여유를 즐기기엔 더없이 좋다. 만휴정 조금 위쪽으로도 작은 폭포가 흘러 물소리가 밤낮으로 그치질 않는다. 가만히 앉아 물소리에 귀 기울이고 있으면 절로 힐링이 된다. 드라마 〈미스터 선샤인〉을 촬영한 곳으로 알려지면서 핫스폿으로 떠올랐다.

RESTAURANT·CAFE & STAY
안동 맛집·카페·숙소

Restaurant
일직식당

- 안동시 경동로 676 ☎ 054-859-6012
- 08:00~21:30, 매주 둘째·넷째 월요일 휴무
- 1인분 11,000원 ⓘ 주차 식당 뒤 유료주차장

간잡이 명인이 절인 간고등어

안동역에서 중앙사거리 방향으로 70~80m 거리에 있다. 간잡이 명인으로 이름이 난 이동삼 씨가 문을 연 이래 어느덧 50여 년의 역사를 자랑한다. 안동은 간고등어로 유명하다. 가장 가까운 바다인 영덕에서 해산물을 지고 해가 뜰 무렵 걷기 시작하면 저녁이 되어서야 안동에 도착했다. 먼 길을 걷는 동안 부패를 막기 위해 고등어 배를 가르고 그 안에 소금을 넣어 왔던 것이 안동 간고등어의 시초이다. 생선에 소금을 뿌려 절이는 사람을 간잡이라고 하는데, 고등어 한 마리에 뿌려지는 소금의 양은 약 20g 정도다. 이 정도의 소금이어야 맛있는 간고등어가 된다. 일직식당은 제대로 된 안동 간고등어구이 정식을 맛볼 수 있는 곳이다. 2인분을 주문해야 고등어 한 마리가 나온다. 두툼하게 살이 오른 간고등어를 알맞게 구워 촉촉함이 살아있다. 이동삼 명인이 절인 간고등어를 구매할 수도 있다.

🍽 Restaurant
거창숯불갈비

- 안동시 음식의 길 10
- 054-857-8122
- 11:30~22:00, 연중무휴
- 생·양념불고기 200g 25,000원
- 주차 인근 주차장, 구 산림청 앞-대안로 노상 유료 공영주차장

갈비 먹고 나면 갈비뼈 찜이 또 나온다

안동역 건너편 운흥동의 갈비 골목 안쪽에 있다. 안동의 숯불갈비는 다른 지역과는 먹는 방법이 다르다. 다른 지역에서는 갈비뼈에 붙은 고기를 구워 먹는데, 안동에서는 살과 뼈를 분리하여 처음에는 살코기를 숯불에 구워 먹고, 그다음엔 갈비뼈로 만든 찜을 따로 먹는다. 갈비는 씹는 질감이 아주 부드럽고 달콤하다. 찜은 갈비뼈와 커다란 감자를 넣어 끓여 내오는데, 갈비뼈에서 우러난 깊은 맛을 즐길 수 있다. 찜은 우거지된장국과 함께 나온다. 된장의 깊은 맛이 살아있어 입 안에 남은 고기 냄새를 씻어준다.

🍽 Restaurant
까치구멍집 헛제사밥

- 안동시 석주로 203
- 054-855-1056
- 11:00~22:00, 연중무휴
- 헛제삿밥 12,000원, 한상차림 20,000원~35,000원
- 주차 가능

비빔밥에 각종 나물과 산적, 탕국까지

월영교 주차장 맞은편에 있는 30년 된 전통의 헛제삿밥 전문식당이다. 원래 민속촌에 있는 가옥에서 영업하였는데, 그 가옥이 2001년 문화재로 지정되면서 현재의 위치로 이전하였다. 헛제삿밥은 우리나라 제사 음식문화에서 출발한 음식이다. 제사 후 친지와 먹던 음식을 제사가 없는 날에 만들어 먹어서 헛제삿밥이라고 부른다. 각종 나물이 담긴 유기그릇과 밥, 어물과 고기를 끼워 익힌 산적, 고기와 무를 넣고 끓인 탕국이 나온다. 비빔밥에 전과 탕국이 더해졌지만, 음식에 스토리가 더해져 색다른 맛이 난다.

Restaurant
옥야식당

- 안동시 중앙시장길 7
- 054-853-6953
- 08:30~19:30
- ₩ 8,000원
- 주차 중앙시장 노상공영주차장

50년 전통의 해장국집
안동 시내의 중앙신시장에서 영업을 시작한 지 50년이 된 전통의 해장국집이다. 가게 밖에 나온 솥단지가 이 집이 해장국 맛집임을 알려준다. 반찬이라야 김치와 무, 양파절임, 마늘과 고춧가루가 전부지만, 해장국에 고기 고명과 커다란 선지 덩어리가 가득해 푸짐하고 맛있다. 굵은 대파가 듬뿍 들어있어 국물은 시원하고 깔끔하며, 청양고추의 칼칼한 뒷맛이 확실하게 마무리해준다. 기호에 따라 마늘과 고춧가루를 더 넣어도 된다. 테이블 간격이 좁고 해장국집이 대부분 그렇듯 다른 손님과 합석할 때도 있는 게 조금 아쉽다.

 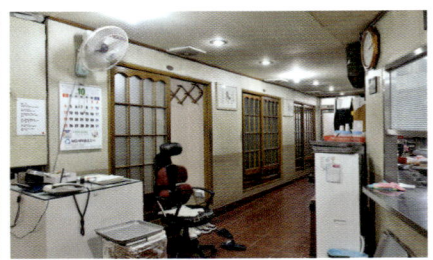

Restaurant
골목안손국수

- 안동시 남문로 2
- 054-857-8887
- 10:00~21:00
- ₩ 6,000원~10,000원
- 주차 건물 뒤편 유료주차장

담백한 면발과 시원한 국물
남문동 안동초등학교 부근에 있는 손국수집이다. 가정집으로 쓰이던 2층 양옥을 개조한 식당이라 방마다 테이블이 있다. 국수를 주문하면 조밥과 상추와 쌈장, 김치 등의 밑반찬을 내온다. 국수를 먹기 전에 상추에 조밥을 얹어 쌈으로 허기를 살짝 달랜 후, 본격적으로 국수를 먹으면 된다. 국수 면발은 기계로 뽑은 듯 매끈하고 날씬하다. 채 썬 호박과 당근, 김 가루, 참깨, 달걀이 고명으로 얹어져 있어 색감이 좋다. 고명과 노란색 조가 섞인 밥 덕분에 밥상이 화려해 보인다. 국수는 담백하고 국물은 시원하다.

 Restaurant

말콥버거

안동시 퇴계로 99 010-2117-0106
11:30~21:00 8,000원~11,000원 **주차** 안동시청 주차장, 퇴계로 1 노상공영주차장

담백한 패티에 감자튀김이 일품

말콥버거는 안동시청 정문에서 2분 정도 떨어진 목성교사거리에 있다. 가게엔 간판이나 윈도 사인도 없다. 단지 나무 세움 간판이 가게 앞에 세워져 있다. 작고 아담하지만, 수제 버거로 유명한 곳이다. 말콥버거, 아보카도버거 등 10종류의 버거와 감자튀김 등 사이드 메뉴, 음료가 있다. 말콥버거는 바삭하면서도 부드러운 빵에 버터번과 아이올리, 소고기 패티, 아메리칸 치즈, 로메인과 신선한 채소가 가득 들어 있다. 무엇보다 소고기 패티가 짜지 않고 담백하면서도 육즙이 풍부하다. 이곳에서 꼭 먹어야 할 또 다른 메뉴는 바로 감자튀김이다. 다소 투박한 모양이지만 짠맛을 덜어내 바삭하면서도 고소하다. 게다가 케첩이 아니라 샤워 크림에 찍어 먹는다. 그리고 세트 메뉴로 함께 나오는 미니콜라병이 너무 앙증맞고 귀여워 햄버거를 먹으면서 챙겨 나오고 싶은 유혹에 갈등을 느낄 것이다.

🍽 Restaurant
안동화련

📍 안동시 일직면 하나들길 150-23
📞 054-858-0135 🕘 09:00~22:00
₩ 15,000~25,000원 ⓘ **주차** 갓길 주차

연과 산야초로 만든 향토 음식

안동 시내에서 남쪽으로 약 15km 떨어진 일직면 귀미리에 있는 농가 맛집이다. 깔끔하고 아름다운 2층 목조주택에 들어서 있어, 마을에 들어서면 단연 눈에 띈다. 주로 연과 산야초로 요리를 한다. 세트 메뉴로는 한정식이 있고, 단품 메뉴로는 연잎 수제비계절에 따라 칼국수, 연잎 돈가스, 연꽃차 등이 있다. 이곳 주메뉴인 한정식은 연근죽과 구절판을 시작으로 채소 샐러드와 연계육찜, 채소전, 연근 잡채, 버섯유부탕, 두부선 등이 차례로 나온다. 주문한 음식이 나올 때마다 예쁘게 세팅된 음식을 보는 기쁨이 크다. 선뜻 먹기 아까워 사진부터 찍게 된다. 마지막에는 연잎밥과 간고등어, 다양한 밑반찬이 나온다. 음식 하나하나에 정성이 느껴지며 담백함과 재료 본연의 은은한 향내가 살아있어 마음이 정화되는 느낌을 준다. 권정생 어린이문학관에서 자동차로 5분2.4km 거리이다.

 Cafe
카페 라이프

⊙ 안동시 중앙로 56 📞 054-841-2122 🕘 09:00~1700
₩ 6,000원~7,000원 ⓘ 주차 공영노상주차장

맛있는 당근케이크

맘모스제과에서 동쪽으로 도보 3분, 안동역에서 북쪽으로 영가로를 따라 약 300m 거리에 있다. 안동에서 가장 유명한 카페이다. 외벽은 회색이고, 간판이 있지만 길 모서리에 있어서 힐끗 보고 지나치기 쉽다. 실내 분위기는 차분한 편이다. 테이블이 제법 있지만, 공간이 넉넉한 편이라 시야감이 좋다. 메뉴판을 보면 'From My Father's Farm'이라는 문구가 눈에 띈다. 가게 주인의 부모님이 키운 농산물을 이용하여 만든 것들이다. 추천 메뉴는 당근케이크이다. 통밀가루에 당근을 넣어 만들었는데, 맛이 고소하고 부드러우며 당근 냄새도 거의 나지 않는다. 여름이라면 팥빙수를 추천한다. '카라 팥빙'이라는 메뉴인데, 카페 라이프의 앞 글자 '카'자와 '라'자를 따서 이름을 지었다. 맛도 좋지만, 중요무형문화재 유기장이 만든 놋그릇에 담아주어 인상적이다. 직원들의 따끈한 배려와 서비스는 덤이다.

 Cafe
맘모스베이커리

안동시 문화광장길 34 054-857-6000 08:30~21:00
₩ 5,000원~15,000 주차 중앙상점가 공영주차장, 대안로 1 노상 공영주차장

간결하고 선명한 맛을 담은 맛있는 빵

안동 시내 문화의 거리 중심가에 있다. 대전 성심당, 군산 이성당과 함께 전국 3대 빵집으로 꼽히는 곳이다. 1974년에 처음 문을 열었고, 2011년엔 '미슐랭 가이드' 한국 편에 소개되기도 했다. 가게 내부는 깔끔하고 세련된 감각의 인테리어가 눈에 띈다. 일단 실내에 들어서면 후각을 자극하는 빵 냄새에 바로 빵을 고르게 된다. 가장 인기 있는 메뉴는 '크림치즈빵'이다. 부드럽고 폭신한 식감에 치즈가 푸짐하게 들어가 있어 맛이 일품이다. 워낙 인기가 좋아 나오기 바쁘게 팔려나간다. 매장에 카페가 있으므로, 바쁘지 않다면 매장에서 먹어보는 것도 좋다. 따끈한데다 향기가 살아있어서 맛있게 즐기기 좋다. 맘모스제과는 맛의 유행을 좇기보다는 간결하고 선명한 맛을 추구한다. 지역사회에 기여하려는 마음에 안동 지역 농산물로 빵을 만든다.

 Cafe

카페 세븐스트릿

안동시 서후면 국화향길 7 070-4226-0582 11:00~17:30 5,000원 주차 가능

가을을 담은 국화차 한잔

안동 시내에서 북쪽으로 약 13km 거리에 있는 서후면 태장리에 있다. 봉정사길을 따라가다가 절로 가기 전에 오른쪽으로 난 국화향길로 접어들면 된다. 이 카페를 운영하는 부부가 국화를 많이 심어 가꾸고 차를 만들어 팔면서 이곳 길이름도 국화향길이 되었다. 카페에 들어서면 보통의 카페 모습이 아니어서 살짝 당황할 수도 있다. 긴 탁자가 두 개 놓여있고, 뒤편에는 판매용 제품들이 진열되어 있다. 특히 인도코끼리 그림이 그려진 커튼, 고풍스러운 엔티크 소품과 장식이 눈길을 끈다. 2층은 아기자기한 커튼으로 칸막이를 해놓고 그 안을 멋스럽게 꾸며놓아 감탄이 절로 난다. 메뉴는 국화차, 보이차 등이 있는데, 특히 국화차는 직접 재배한 유기농 국화로 수제 차를 만들어 내오기 때문에 맛이 깊고 그윽하다. 국화꽃이 피는 가을이면 카페 주변의 노랗게 물든 풍경이 일품이라고 주인이 살짝 귀띔해 준다.

Cafe
달그림자

- 안동시 석주로 199
- 054-859-1767
- 11:00~23:00
- ₩ 3,000원~5,000원
- 주차 가능

월영교 야경을 한눈에

상아동 월영교 입구 건너편에 있는 카페이다. 이름에서 알 수 있듯이 월영교는 낮보다 해가 진 이후에 더 아름답다. 달그림자는 월영교의 야경을 즐기기 좋은 카페다. 카페 전면이 유리라서 어디에 앉든 월영교가 잘 보인다. 1층에서 주문을 하고 2층으로 올라가면 아담하고 아기자기한 공간이 나온다. 커피 가격은 그리 비싸지 않다. 에스프레소가 아닌 리스트레토 도피오로 추출해서 커피 맛이 강하고 쓴맛은 약하다. 쓴맛을 좋아하거나 연한 커피를 원한다면 주문할 때 미리 말하면 된다.

Stay
락고재

- 안동시 풍천면 하회강변길 51
- 054-857-3410
- ₩ 16만 원~22만 원

초가의 정취에 더해진 편리성

락고재는 서울의 가회동과 안동의 하회마을 나루터 앞에 있다. 초가의 정취에 현대적인 편리성을 더해 놓아 특별한 추억을 남기기 좋다. 안채와 별채, 사랑채, 문간채 등 초가 4채로 구성되어 있다. 안채와 별채, 문간채는 2~3명이 묵기 적당하고, 사랑채는 인원수가 많은 경우 이용하는 게 좋다. 초가집 마루에서 쏟아지는 별을 구경하고, 밤마실 가듯 하회마을을 산책하는 재미가 쏠쏠하다. 아침 식사는 한식이나 양식 중 선택할 수 있고, 겨울에만 저녁 식사를 특별식으로 이용할 수 있다.

Stay
구름에

- 안동시 민속촌길 190
- 054-823-9001
- ₩ 12만 원~45만 원

신개념 휴양지 고택 리조트

낭만적인 이름의 고택 리조트이다. 안동민속촌에 있어 월영교, 안동문화관광단지 등과 가깝고, 조금만 걸어가면 멋진 낙동강의 경치를 조망하기도 좋다. 안동댐 건설로 수몰 위기에 처한 고택들을 민속촌으로 옮겨 리모델링하여 리조트로 활용하고 있다. 모두 7개의 고택이 적당한 거리를 두고 얌전히 앉아있다. 고택의 정취를 그대로 살리고 현대적 편리함을 갖추었다. 여러 채 가옥이 모여 있어 작은 마을 같다. 맞은 편 예움터라는 마을에 카페와 식당, 각종 체험시설이 있다.

Stay
안동리첼호텔

- 안동시 관광단지로 346-69
- 054-850-9700
- ₩ 13만 원~50만 원

뷰가 아름다운 고품격 호텔

안동문화관광단지 안에 있다. 4성급 호텔로 90개 객실을 갖추고 있다. 시내에서 가깝고 관광단지에 있는 온뜨레피움과 유교랜드를 이용하기 좋아 편리하다. 안동민속촌과 안동민속박물관도 차로 2~3분 거리이다. 장점은 전망이 좋다는 것이다. 멀리 안동호를 내려다볼 수 있고, 근처의 유교랜드와 온뜨레피움도 한눈에 들어온다. 시설과 객실 또한 청결하고 고품격이다. 콘도와 호텔의 특성이 혼합되어 있어 간단한 식사 준비가 가능하다. 1층엔 카페, 2층엔 조식과 뷔페 레스토랑이 있다.

ⓗ Stay
안동파크관광호텔

📍 안동시 경동로 707
📞 054-853-1501
₩ 5만 원~7만 원

깔끔하고, 저렴하고, 만족도 높은

안동 시내에 있는 3성급 가족호텔이다. 안동역에서 도보로 5분 거리이고, 승용차든 대중교통이든 접근성이 매우 좋다. 지상 4층에 34개의 객실을 갖춘 작은 규모의 호텔로 약 50여 대의 자동차를 주차할 수 있다. 안동역과 인접한 탈춤공원과 백조공원을 걸어서 갈 수 있고, 안동 음식 거리와 찜닭 골목도 멀지 않다. 간고등어 명인 식당인 일직식당 또한 가까워 맛있는 식사를 즐기기 더없이 좋다. 시설도 깔끔해 가격 대비 만족도가 높다. 안동 시내를 두루 즐기고 싶은 사람에게 추천한다.

ⓗ Stay
안동호텔

📍 안동시 문화광장길 40-11
📞 054-858-1166
₩ 4만 원~8만 원

위치 좋고 저렴한 비즈니스호텔

안동 중심가인 문화의 거리에 있다. 안동역에서 도보 5분 거리인데다 가성비가 좋아 여행자에게 인기가 높다. 5층 건물에 VIP실 4개와 특실 10개, 일반실 23개 등 모두 37개 객실을 갖추고 있다. 객실은 아늑하고 포근한 느낌을 준다. 1층에는 냉면 전문점과 고기 음식점이 있다. 위치가 좋아 안동의 어떤 관광지와도 편리하게 연결된다. 그뿐만 아니라 상업지구 안에 있어서 즐길 거리와 먹을거리가 많다. 맘모스베이커리가 길 건너편에 있고, 찜닭 골목과 안동 갈비 골목도 도보 5분 거리이다.

Stay

임청각

- 안동시 임청각길 63
- 054-854-0025
- 5만 원~15만 원

독립지사 고택에서의 하룻밤

안동 시내에서 안동댐으로 가는 임청각길을 따라 1Km 정도 가면 왼쪽 산비탈에 있다. 이 집에서 석주 이상룡 선생을 비롯해 9명의 독립운동가가 탄생하였다. 독립의 의지를 꺾기 위해 일제가 임청각 일부 건물을 허물고 중앙선 철도를 놓았다. 독립운동가 고택에서의 하룻밤은 남다를 수밖에 없다. 군자정을 비롯하여 8개의 방에서 숙박을 할 수 있다. 군자정과 안방, 사랑방은 5명 정도가 이용할 수 있을 정도로 넓으며, 나머지 방에선 2~3명이 이용할 수 있다. 낙동강과 시내 풍경이 한눈에 들어온다.

 Stay

치암고택

- 안동시 퇴계로 297-10
- 054-858-4411
- 5만 원~20만 원

숲속 별장 같은 고택

안동 시내에서 도산서원으로 가는 35번 도로퇴계로를 따라 3km쯤 달리다 보면 왼쪽으로 산자락에 안긴 고택 두 채가 나온다. 앞에 있는 집이 향산고택이고 그 뒤의 집이 치암고택이다. 두 곳 모두 고택 체험이 가능하다. 치암고택에 들어서면 왼쪽엔 맞배지붕 건물이 이고, 오른쪽엔 팔작지붕인 사랑채가 듬직하게 나타난다. 팔작지붕 아래 누마루를 두어 운치를 더해준다. 치암고택에는 모두 10개의 방이 있으며 보통 2~3인용이고, 별당채의 방은 4~5인용이다. 숲속의 별장 같아 아침이면 새 소리에 잠에서 깬다.

Stay
학봉종택

- 안동시 서후면 금계리 856
- 054-852-2087
- 10만 원~20만 원

정원이 아름다운 고택

안동 시내에서 북서쪽으로 약 10km 떨어진 서후면 금계리에 있다. 야산을 등지고 평탄한 곳에 서남쪽을 바라보고 있다. 분위기가 고즈넉하다. 잔디가 깔린 넓은 마당과 아기자기한 정원이 눈길을 끈다. 숙박은 사랑채, 안채, 대문채, 풍뢰헌에서 할 수 있다. 사랑채는 마당을 즐기기에 최적이다. 대문 맞은편에 있는 풍뢰헌은 본채와 떨어져 주변 눈치 보지 않고 지내기 좋다. 대부분 3~4명용 방들로 다 깔끔하고 단아하다. 고택에서는 식사할 수 없고 인근 식당에서 무료로 아침 식사를 할 수 있다.

Stay
경당종택

- 안동시 서후면 성곡제일길 2-38
- 054-852-2717
- 8만 원~15만 원

후원이 아름다운 고택

안동 시내에서 북서쪽으로 12km 떨어진 서후면 성곡리에 있다. 조선 중기의 학자 경당 장흥효의 종택이다. 17세기 중엽 만들어진 우리나라 최초의 한글 조리서 음식디미방을 저술한 안동 장씨의 친정집으로도 유명하다. 넓은 마당에 정면 3칸의 아담한 한옥이 우아하게 자리하고 있다. 분위기는 다른 고택과 달리 개방적이다. 대문이나 담이 높거나 굳게 닫혀 있지 않다. 숙박 공간으로 5개의 방을 활용하고 있다. 가장 인기 좋은 곳은 후원이다. 주인이 직접 가꾼 나무와 꽃들이 계절마다 아름답게 피어난다.

Stay
지례예술촌

안동시 임동면 지례예술촌길 427번 길
054-852-1913
7만 원~16만 원

깊은 산속의 고풍스러운 고택

지례예술촌에 가려면 안동 시내에서 34번 국도를 타고 동남쪽으로 31km를 달려야 한다. 점점 산속으로 가 길이 맞는지 몇 번이나 내비게이션을 확인하게 된다. 1600년대 지어진 지촌종택이 임하댐 건설로 수몰 위기에 처하자 임동면 박곡리 현재의 위치로 옮겼다. 지촌종택은 지금 예술인이 즐겨 찾는 지례예술촌으로 활용되고 있다. 뒤로는 애기산이 버티고 있고 앞으로는 임하호의 은빛 물결이 빛난다. 방 안에서 문을 열면 임하호가 보이는데, 그 풍경이 가히 예술이다. 14개 온돌방이 있고 식사도 가능하다.

Stay
농암종택

안동시 도산면 가송길 162-133
054-843-1202
7만 원~20만 원

아름다운 풍경 마음껏 즐기기

풍경이 아름다운 도산면 가송리 외딴 마을에 있는 고택이다. 한 폭의 그림 같은 낙동강 물줄기 따라 황홀한 드라이브를 즐기며 찾아가기 좋다. 고택에 취하고 풍경에 취하기 딱 좋은 곳이다. 농암종택의 강각, 긍구당, 명농당 등에서 숙박할 수 있다. 낙동강을 바라보고 싶다면 긍구당이나 강각이 좋고, 조용한 곳을 원한다면 명농당이 좋다. 무료로 간단하게 아침 식사를 제공한다. 종택 안채 마루에 밥과 두세 가지 반찬, 떡, 고구마, 달걀, 과일, 채소, 커피 등을 차려놓아 정해진 시간 안에 누구나 식사할 수 있다.

Part 4
공주

여행 지도 | 공주 미리 알기 | 버킷리스트
핫스폿 | 맛집·카페 | 호텔·한옥 펜션

공주 여행 지도

- 마곡사(20km)
- 태화식당(19km)
- 곰나루 국민관광단지
- 금강관광호텔
- 곰사당 (고마나루)
- 국립공주박물관
- 금강교
- 공주종합버스터미널
- 시장정육점식당
- 공주한옥마을
- 베이커리 밤마을
- 무령왕릉
- 공산성
- 공주종합운동장
- 무령왕릉 전시관
- 명성불고기
- 청양분식
- 루치아의 뜰
- 중동성당
- 맛깔
- 고가네칼국수
- 공주사대부고
- 진흥각
- 곰골식당
- 바흐
- 중동오뎅집
- 황해도전통손만두
- 공주대 옥룡캠퍼스
- 공주시청

 # 공주 미리 알기

담백하고 은은한 격조가 흐르는 고도

공주는 한때는 백제의 수도였고, 1598년 충주에서 충청감영이 옮겨온 뒤로는 330년 동안 충청도의 심장이었다. 공산성, 무령왕릉, 갑사, 마곡사, 중동성당……. 수많은 보물을 품고 있지만, 공주는 화려하거나 요란스럽지 않다. 공주는 담백하고 우아하다. 세계문화유산의 도시답게 기품이 은은히 흐른다.

한성의 비극과 공주의 영광

475년. 고구려의 침입으로 백제의 수도 한성지금의 송파구와 하남시이 무너졌다. 백제는 서둘러 수도를 공주로 옮겼다. 한성의 비극이 공주를 역사의 주인공으로 만든 셈이다. 〈삼국사기〉는 한성이 무너지는 광경을 이렇게 기록하고 있다. "고구려왕 거련장수왕, 394~491, 재위 412~491이 군사 3만 명을 거느리고 수도 한성을 포위했다. 왕백제 개로왕, 재위 455~475이 싸울 수 없자 성문을 닫고 있었다. 고구려 군사들이 네 방면으로 나누어 협공하고, 또한 바람을 이용해서 불을 질러 성문을 태웠다." 한성백제의 멸망은 개로왕이 고구려의 승려 도림의 꼬임에 걸려들어 정치와 백성을 멀리하고 바둑과 장기에 빠진 탓이었다. 백제 때 공주의 이름은 웅진熊津, 한글로는 곰나루 혹은 고마나루였다. 웅진이라는 이름은 곰과 나무꾼의 전설에서 유래하였는데 곰과 나무꾼의 전설은 우리가 아는 선녀와 나무꾼 이야기와 스토리와 플롯이 매우 흡사하다. 공주는 단군신화와 더불어 곰과 연관이 깊은 대표적인 도시이다. 웅진이 공주라는 이름을 얻는 건 고려 때이다. 삼한시대에는 소국 불운국의 수도였고, 통일신라 때는 웅천주의 주도였다.

공산성에서 운치 넘치는 역사 산책을

64년. 공주의 영광은 길지 않았다. 475년부터 538년까지 5대 왕에 걸쳐 딱 64년 동안 백제의 수도 지위를 누렸다. 한성이나 부여보다 영광의 시간은 짧았으나, 그 시기의 문화는 지금도 찬란하다. 공주의 매력을 느끼기 위해서는 공산성으로 가야 한다. 공주를 적시며 흐르는 금강을 건너면 도시를 감싸고 있는 둔덕이 있는데 그곳이 바로 백제의 궁성이 있던 공산성사적 제12호이다. 공산성은 백제의 대표적인 성곽인데, 조선의 왕 인조가 이괄의 난1624을 피해 이곳에 머물기도 했다. 공산성은 해발 110m 능선과 계곡을 따라 흙으로 쌓은 성이었으나 조선 선조 이후 현재의 석성으로 개축되었다. 산성의 둘레는 약 2.2km이다. 공산성의 매력은 사계절 내내 이어진다. 공산성에 가면 벚꽃과 철쭉, 그리고 가을이면 붉고 노란 단풍이 화려한 비단처럼 펼쳐진다. 공산성 곁으로 흐르는 금강을 보며 성곽 위를 걷다 보면 백제의 흥망을 묵묵히 지켜본 금강의 마음까지 들리는 듯하다. 나무가 우거지고 숲길이 아름다워 운치 넘치는 역사 산책을 즐기기에 그만이다.

세기의 발굴, 무령왕릉

1971년 7월 5일, 1500년 만에 백제인이 보낸 선물이 도착했다. 공주 송산리 고분군의 5호분과 6호분 사이 배수로를 정비하려고 땅을 파다가 한 번도 본 적이 없는 벽돌과 아치형 구조물을 발견했다. 도굴되지 않은 왕릉급 무덤임을 직감한 국립공주박물관 공사팀은 배수로 작업을 중단하고 상부에 보고했다. 서울과 공주의 전문가들이 왔지만, 고분에 대해 아는 게 없었다. 세상에 알려지지 않은 벽돌이었고, 태어나서 처음 보는 아치 구조물이었다. 7월 8일 오후, 마침내 입구를 막은 벽돌을 들어내고 김원용 국립중앙박물관장이 무덤 안으로 들어갔다. 그는 한국 고분 발굴 역사상 가장 극적인 유물을 발견했다. 무덤의 주인을 알려주는 지석이었다. "영동대장군 백제 사마왕이 62세 되는 계묘년 5월 7일 임진 날에 돌아가셔서, 을사년 8월 12일 갑신 일에 이르러 대묘에 예를 갖추어 안장하고 이를 기록한다." 지석은 두 개였다. 고분은 무령왕과 왕비의 합장릉이었던 셈이다. 무덤은 돔형 벽돌 양식으로 남북조 시대의 남조의 영향을 받은 것으로 밝혀졌다. 이는 백제의 국제성을 보여주는 것이다. 왕릉에서는 진귀한 유물 2,900여 점이 쏟아져나왔다. 이 중에서 국보로 지정된 유물만 17건이다. 무령왕릉은 고대 고분 중 주인이 누구인지 정확하게 밝혀진 유일한 왕릉이다.

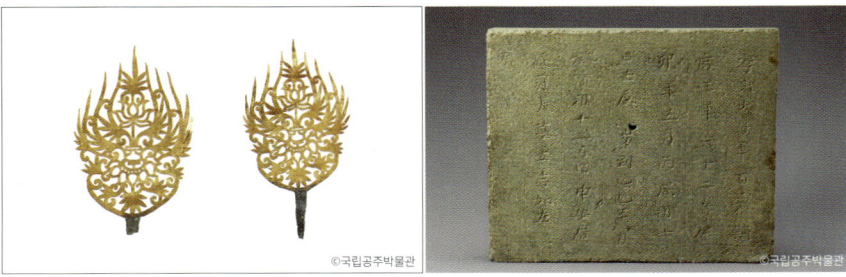

마곡사, 일본에 쫓기는 백범 김구를 품다

공주에는 유명한 사찰이 여럿이다. 그중에서도 갑사와 마곡사를 최고로 꼽는다. 갑사의 창건연대는 정확하지 않으나 무령왕 3년503에 천불전을 중창했다는 기록으로 보아 백제 웅진 시대에 건립된 것으로 보인다. 임란 당시 최초의 승병을 일으킨 영규대사가 갑사에서 출가했다. '춘 마곡 추 갑사'라는 말에서 알 수 있듯이 가을엔 단풍이 아름다워 갑사를 최고로 친다. 어느 계절이든 멋지지만, 가을이면 화려하고 눈부신 단풍이 당신을 반겨준다. 봄 풍경이 아름다운 마곡사는 충남 지방 사찰의 중심이다. 명성황후를 시해한 일본 장교를 죽인 김구 선생이 마곡사에서 3년 동안 승려로 숨어 지냈다. 응진전 옆에는 해방 후 마곡사를 찾은 김구 선생이 심은 향나무 한그루가 아름답게 자라고 있다. 시간 여유가 있다면 아름다운 100년 벽돌 성당 중동성당과 순교 성지 황새바위도 둘러보자.

"검소하지만 누추하지 않았고 화려하지만 사치스럽지 않았다." 백제문화를 이야기할 때 흔히 쓰는 말이다. 오늘의 공주도 백제를 닮았다. 공산성, 무령왕릉, 갑사, 마곡사, 중동성당……. 수많은 보물을 품고 있지만, 공주는 요란스럽지 않다. 오히려 소박하고 담백한 가운데 기품이 흐른다. 공주의 매력은 이렇듯 은은하고 우아하다.

공주 버킷리스트

MUST GO

01 공주와 금강 굽어보며 공산성 걷기

공산성은 백제의 마지막을 지켜본 슬픔의 성곽이지만, 우리까지 감상에 젖을 필요는 없다. 공산성은 경치가 아름다워 한 시간 남짓 여유롭게 산책하기 좋다. 성곽을 따라 산책로를 만들어 놓았는데, 길이는 2km 조금 넘는다. 공주 시내와 금강을 굽어보며 걸을 수 있다. 오르락내리락 공산성 성곽길을 걷다 보면 이 길이 꼭 우리의 인생과 닮았다는 생각이 든다.

02 무령왕릉의 진귀한 유물 만나기

무령왕릉은 공주의 대표 브랜드이다. 국립공주박물관은 무령왕릉박물관이라 해도 지나치지 않다. 나라가 무너지는 슬픔을 겪은 터라 백제의 유물은 신라에 비하면 훨씬 적다. 그래서 무령왕릉 유물은 더욱 빛난다. 게다가 도굴당하지 않고 1500년 만에 우리 앞에 기적처럼 나타났으니 이 얼마나 고맙고 감사한 일인가. 송산리 고분군 모형전시관과 같이 둘러보면 더 좋다.

03 아름답고 오래된 중동성당 구경하기

완고할 것 같은 옛 도시이지만, 놀랍게도 공주는 외래 종교인 천주교를 일찍 받아들였다. 중동성당은 공주의 첫 성당으로, 1897년 5월 8일에 설립되었다. 애초에는 한옥 성당이었으나 1936년 지금의 벽돌 성당으로 다시 지었다. 90년 세월이 흘렀으나 성당은 붉은 벽돌 고유의 감성과 아름다움을 잃지 않고 있다. 성당보다 30년 먼저 지은 사제관도 고전적인 매력이 넘친다.

04 150년 숲길을 지나 갑사로

갑사로 가는 길은 생명의 길이다. 150살이 넘은 나무들이 멋지게 서서 당신을 맞아준다. '춘 사갑'사라는 말이 있듯이, 가을이 무척 아름답지만, 굳이 어떤 계절이어도 상관없다. 핸드폰도 끄고, 대화도 잠시 멈추고 조용히 걸어가면 그곳의 아름다움을 오롯이 보게 될 것이다. 갑사는 그 길 끝에 있다. 갑사는 임진왜란 당시 최초의 승병을 일으킨 영규대사가 출가한 절이다.

05 김구를 품은 절, 마곡사의 여유로움을 즐기자

마곡사에는 치명적인 아름다움이나 국보급 유물은 없다. 그런데도 마곡사에는 끌림이 있다. 마곡사로 들어가는 길은 아름답고, 가람엔 여유가 흐른다. 2층 절집을 보는 재미는 남다르고, 백범 김구 선생을 떠올리면 의미가 있다. 마곡사는 일본 경찰에 쫓기는 김구 선생을 품어주었다. 선생은 승려가 되어 3년 동안 마곡사에서 숨어 지냈다. 선생이 심은 향나무를 찾아보자.

MUST EAT

01 공주 특산품 밤으로 만든 빵 즐기기

베이커리 밤마을은 공산성 입구에 있다. 공주의 특산품인 밤을 이용한 밤 파이와 밤 마들렌, 밤 팡도르, 밤 에끌레어 등 4종의 빵이 유명하다. 특히 밤 파이는 이름하여 '겉바속촉'을 그대로 재현했다. 바삭바삭한 페이스트리에 촉촉한 밤앙금이 들어 있다. 밤앙금은 크게 달지 않지만, 뒷맛까지 달콤한 맛이 은은하게 전해진다. 먹고 돌아서면 다시 생각나는 맛이다.

02 생밤이 아삭하게 씹히는 육회비빔밥

시장정육점 식당은 육회로 만든 비빔밥으로 유명한 곳이다. 쇳소리가 영롱한 놋그릇에 담겨 나오는 육회비빔밥은 육회와 생밤이 어우러져 씹을 때마다 생밤의 아삭한 느낌이 그대로 전해져 온다. 육회와 잘 어우러진 생밤은 비리거나 텁텁하지 않고 달콤해서 자꾸 입맛을 다시게 한다. 공산성 맞은편의 음식특화거리에 있다. 식당은 그리 넓지 않지만 깔끔하다.

03 참숯제육볶음이 생선구이를 만났을 때

곰골식당은 허름한 가정집인 것 같은데 들어가면 넓은 정원이 있다. 이곳은 생선구이와 참숯제육볶음으로 유명한 곳이다. 그래서 두 가지를 함께 주문해야 더 맛있게 먹을 수 있다. 제육볶음과 생선구이는 전혀 다른 음식이라 조화를 이룰 것 같지 않은데 불맛이라는 공통점으로 완벽한 하모니를 이루어 낸다. 반죽동 공주사대부속고등학교 바로 옆에 있다.

SIGHTSEEING
공주 명소

공산성

📍 공주시 금성동 53-51 📞 041-856-7700
🕘 09:00~18:00 (설날, 추석 당일 휴무)
₩ 입장료 600원~1,200원 🚌 버스 101, 125

성곽 따라 걸으며 공주 시내를 한눈에

서기 475년, 백제는 고구려 장수왕의 침공으로 한성이 함락되고 개로왕마저 잃게 되자 쫓기듯이 수도를 웅진 공주으로 천도했다. 이 시기를 웅진 백제라 하는데, 이때부터 공산성은 64년 동안 475~538 백제의 중심지였다. 공산성은 왕이 살았던 왕성이다. 북쪽으로 금강이 흐르고, 해발 110m의 능선을 따라 흙을 쌓아 만든 포곡식 산성이다. 이후 조선 중기에 현재와 같은 석성으로 개축되었다. 공산성의 원래 이름은 웅진성인데, 고려 때에는 공산성, 조선 시대에는 쌍수산성이라 불렸다. 성의 둘레는 약 2,660m이며, 동서로 약 800m, 남북으로 약 400m인 달걀 모양을 하고 있다. 공산성에는 남문인 진남루와 북문인 공북루 등 여러 문이 있지만, 현재는 서문인 금서루를 통해 성안으로 들어간다. 공산성은 백제 때부터 우리나라 근현대까지 숱한 역사 속에 등장한다. 이는 공산성이 지리적 군사적으로 중요하고 좋은 조건을 갖춘 천혜의 요새였기 때문이다. 금강과 어우러진 공주 시내를 바라보며 성곽길을 걸으면 역사가 깃든 아름다운 풍경을 마음껏 눈에 담을 수 있다.

ONE MORE 공산성 곳곳에 깃든 역사 이야기

공산성은 700여 년을 이어온 백제가 역사의 뒤안길로 사라지는 것을 지켜봐야 했던 아픈 곳이기도 하다. 660년 나당연합군의 침공으로 사비부여가 함락되자 의자왕은 공산성으로 와서 결전을 준비한다. 하지만 닷새 만에 항복하고 백제는 스러지고 만다. 조선 인조 때는 이괄이 난을 일으키자, 인조는 공산성으로 피난을 왔다. 공산성이 천혜의 요새였기에 인조는 가까운 성들을 두고 공산성을 피난처로 선택했다. 인조는 이곳에 머물며 두 그루의 나무에 벼슬을 주었다. 하지만 그 나무가 죽자 영조 때 관찰사가 그 유지를 받들기 위해 정자를 지었는데, 그 정자가 쌍수정이다. 성곽 북쪽의 공북루는 공산성의 북문으로 성문을 나서 나루를 통하여 금강을 건널 수 있는 통로였다. 선조 때 신축된 후 여러 번 개수하였으며 본래의 모습이 잘 보존되어 있다. 성곽 동쪽에는 동문인 영동루와 광복루가 있다. 광복루는 원래 웅심각이라는 누각이었는데, 1946년에 백범 김구와 이시영이 이곳에 와서 나라를 되찾았다는 뜻을 기리고자 광복루라 부르면서 이름이 바뀌게 되었다.

©국립공주박물관

©국립공주박물관

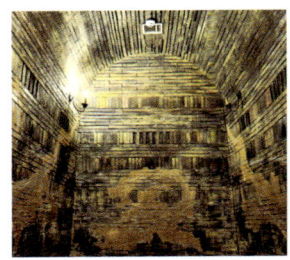

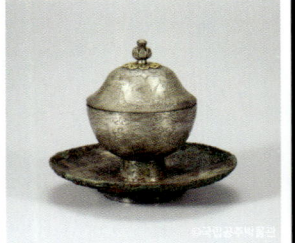

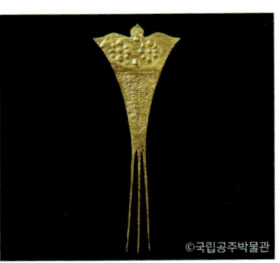

Sightseeing

무령왕릉과 송산리 고분군

공주시 금성동 산5-1 매일 09:00~18:00
입장료 700원~1,500원 버스 101, 125, 260, 265, 281, 310, 606, 706

백제의 재발견, 무령왕릉

무령왕릉은 우리나라 고대 고분 중에서 주인이 누구인지 확실히 밝혀진 유일한 능이다. 1971년 이미 조사가 끝난 송산리 5호분과 6호분 사이의 배수로를 정비하는 과정에서 우연히 발견되었다. 도굴꾼에 의해 훼손되지 않은 완전한 모습으로 1,500년 만에 세상에 모습을 드러낸 것이다. 이는 단순한 왕릉의 발굴이 아니었다. 백제를 다시 보게 만든 역사적 사건이었다. 발견 당시 왕과 왕비의 금제관식국보 제154호, 무덤 주인을 알려주는 지석국보 제163호 등 총 유물 2,900여 점이 나왔다. 무령왕릉과 그곳에서 나온 유물을 보지 않았다면 공주를 보지 못한 것과 같다. 왕릉엔 들어갈 수 없지만 송산리 고분군 모형전시관에서 왕릉의 구조와 발굴 당시 모습을 볼 수 있다. 모형이지만 무령왕릉 내부로 들어가면 가슴이 설렌다. 입구에서 방까지 긴 연도사체를 안치한 방까지 이르는 길를 만들어 놓았고, 그 끝에 부부를 합장한 방을 꾸며 놓았다. 능은 돔형 천장을 하고 있으며, 연꽃 모양 벽돌은 두 장을 맞대야 꽃 한 송이가 되는 세밀하고 정교한 아름다움을 보여 준다.

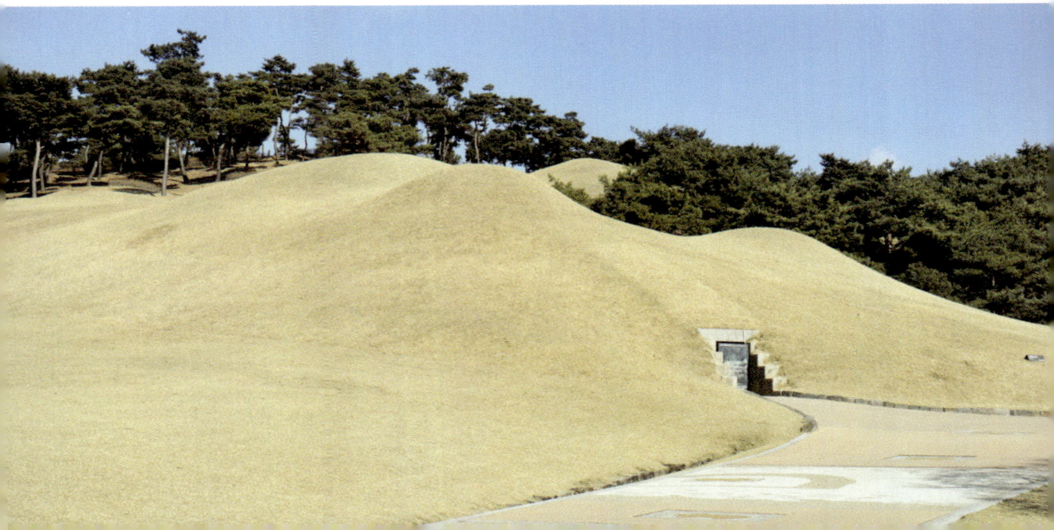

ONE MORE

1500년 만에 세상에 나오다, 무령왕릉 발굴 이야기

무령왕릉은 백제인이 우리에게 준 최고의 선물이다. 선물은 1500년 만에 기적같이 도착했다. 1971년 7월 5일, 하늘이 뚫린 듯 장대비가 쏟아졌다. 공주국립박물관 공무원과 인부들이 송산리 고분군으로 달려갔다. 그들은 송산리 5호분과 6호분 사이에서 배수로를 정비하기 시작했다. 어느 순간, 인부의 삽이 딱딱한 무언가에 걸렸다. 파고 보니 물체는 돌이 아니라 벽돌이었다. 벽돌로 만든 아치형 구조물과 구조물을 막고 있는 한 무더기 벽돌이 쌓여있었다. 처음 보는 벽돌이었고, 처음 보는 아치 구조물이었다. 왕릉급 무덤이 틀림없다고 직감한 공사 팀은 즉시 배수로 작업을 중단하고 상부에 보고했다. 소식을 듣고 기자들이 달려왔다. 전국이 들썩였다. 7월 8일 오후, 마침내 아치형 구조물을 막은 벽돌을 들어내고 김원용 국립중앙박물관장이 무덤 안으로 들어갔다. 그는 한국 고분 발굴 역사상 가장 극적인 유물을 발견했다. 무덤의 주인을 알려주는 지석이었다. "영동대장군 백제 사마왕이 62세 되는 계묘년 5월 7일 임진 날에 돌아가셔서, 을사년 8월 12일 갑신 일에 이르러 대묘에 예를 갖추어 안장하고 이를 기록한다." 지석은 두 개였다. 고분은 돔형 벽돌 양식으로 만든 무령왕과 왕비의 합장릉이었던 셈이다.

 ### 1500년 만의 성묘, 무령왕은 누구?

무령왕461~523, 재위 501~523은 백제 25대 왕이다. 어릴 적 이름은 사마, 융이다. 무령은 사후에 받은 이름, 즉 시호이다. 〈삼국사기〉에는 그가 동성왕재위 479~501의 아들로 나오지만, 〈일본서기〉에는 동성왕의 동생으로 나온다. 둘은 이복형제라는 것이다. 두 왕의 아버지는 백제 개로왕의 아우로 왜로 파견되어 오사카 부근을 통치한 곤지이다. 일본 기록에 따르면 무령왕은 일본 왕가의 조상이다. 일본의 아키히토 왕재위 1989~2019은 지난 2001년 말 "칸무재위 781~806 왕의 생모가 백제 무령왕의 자손이라고 〈속일본기〉에 기록돼 있어 한국과의 인연을 느낀다."라고 말해 큰 화제를 낳았다. 실제로 아키히토 왕은 2004년 5촌 당숙을 공주로 보내 무령왕릉에 참배했다. 1500년 만의 성묘였다. 또 무령왕의 동생이 26대 게이타이재위 507~531 왕이라는 이야기도 있다. 일본의 국보인 '인물화상경'에 동생 게이타이 왕의 건강을 위해 무령왕이 동경을 하사한다는 기록이 나오기 때문이다.

국립공주박물관

공주시 관광단지길 34　041-850-6300　10:00~18:00　입장료 무료　버스 108

무령왕릉에서 출토된 국보급 유물이 가득

긴말 필요 없이 국립공주박물관이 곧 '무령왕릉'이다. 이곳에는 무령왕릉에서 출토된 108종, 2,900여 점 유물 가운데 국보급 유물을 전시하고 있다. 무령왕릉은 삼국시대의 분묘 중 정확한 주인이 밝혀진 최초의 무덤으로, 실로 그 역사적 가치는 엄청나다. 백제를 다시 평가하게 했고, 백제의 국제성과 동아시아에서 위상이 어떠했는지 그 실체를 증명해 보였다. 무령왕릉 유물 중 금제관식 국보 154호, 155호과 석수 국보 162호, 지석, 왕의 관식, 은제팔찌 국보 160호 등이 전시되어 있으며, 왕과 왕비의 목관도 복원되어 있다. 특히 3D 영상 시스템을 갖추어 무령왕릉과 관련된 영상물을 상영하고 있다. 무령왕릉 유물 전시실 외에 선사고대문화실, 기증문화재실, 야외 전시장이 있다. 야외 전시장에는 70여 점의 석조 미술품이 전시되어 있다. 박물관 건물과 사회교육동 사이사이에 서 있는 소나무 세 그루가 한 폭의 그림 같으니 잊지 말고 눈에 담아보자. 박물관 후문에서 산책로를 따라 10분만 가면 무령왕릉과 송산리 고분군을 만나볼 수 있어, 함께 둘러보기도 좋다.

 Sightseeing

중동성당

공주시 성당길 6   041-856-1033   버스 200

약현성당을 모델로 지은 서양식 벽돌 성당

중동성당은 공주 시내가 훤히 내려다보이는 국고개 언덕 위에 충남역사박물관과 마주 보고 서 있다. 아치형 정문을 들어서면 붉은색 벽돌 계단이 나타난다. 계단을 다 오르면 매력적인 벽돌 성당과 성당보다 30년 앞서 지은 옛 사제관이 여행자를 반긴다. 중동성당은 공주 최초의 천주교 성당으로 1897년에 세워졌다. 처음엔 한옥이었는데, 1921년 최종철 신부1890~1945가 서울의 약현성당을 모델로 지금의 서양식 성당으로 설계하였다. 그로부터 한참 뒤인 1934년 착공하여 2년 뒤인 1936년에 완공하였다. 라틴십자형의 고딕 성당으로 외벽은 붉은 벽돌을, 창틀과 버팀목은 검정 벽돌을 사용하여 고풍스러운 멋과 세련미가 살아있다. 90년 가까이 흘렀으나 성당은 붉은 벽돌 고유의 빛을 잃지 않고 있다. 벽돌의 따스한 느낌이 멀리서도 그대로 전해진다. 정문과 마찬가지로 성당 출입문과 창문, 천장이 모두 아치로 통일되어 있어 느낌이 깔끔하다. 실내에 들어서면 정면 제대부의 스테인드글라스가 영롱하고 화려하기 이를 데 없다. 성당 마당 한쪽에는 아담한 최종철 신부의 묘가 있다.

Sightseeing

황새바위성지

공주시 왕릉로 118　041-854-6321　버스 260, 264, 265, 281, 310, 606, 706

박해 시대 천주교의 심장

천주교는 1800년대 내내 박해를 받았다. 충청도의 천주 교인들은 충청감영이 있던 공주로 이송되었다. 배교를 거부하면 처형되었는데, 황새바위성지가 처형장이었다. 순교자의 피가 바로 옆의 제민천을 붉게 물들였다고 전해진다. 황새바위성지는 공산성에서 서쪽으로 250m 남짓 거리의 작은 언덕 위에 있다. 황새바위라는 지명은 예전에 이곳에 황새가 많이 서식해서 붙여졌다고도 하고, 항쇄죄인에게 씌우던 형틀를 쓴 죄수들이 많이 처형되어 '항쇄바위'라 불리는 데서 유래되었다고도 전해진다. 황새바위성지 순교의 역사는 내포의 사도 이존창으로부터 시작되었다. 이존창은 1801년 공주 황새바위에서 참수되었다. 신유박해1801와 병인박해1866를 거쳐 1879년까지 80여 년간 1천여 명의 천주교인이 황새바위에서 순교하였다. 1980년 순교 성지로 조성하는 사업이 추진되었고, 1985년 한국 천주교 200년을 기념하여 순교탑과 순교자 248위의 이름을 새긴 무덤 경당이 완공되었다. 이후 십이사도를 의미하는 '12개의 빛돌', 성모 동산, 십자가의 길 등이 조성되었다.

Sightseeing
석장리선사유적지

◎ 공주시 석장리동 98 📞 041-857-8981 ₩ 입장료 600원~1,300원 🚌 버스 570, 580

구석기로의 시간여행

석장리 선사유적지는 공주 시내에서 동쪽으로 약 7km 거리의 금강둑에 있다. 사적 334호로 지정되었으며, 남한에서 처음으로 발굴된 구석기 유적이다. 1964년 연세대학교 손보기 교수팀이 발굴하였으며, 한반도에 구석기 시대가 존재하였음을 증명하는 유적이라 의미가 크다. 그 의미를 새기려는 듯 유적지 정문 앞에는 커다란 주먹도끼를 쥔 손 조형물이 자리하고 있다. 정문에 들어서면 왼쪽에 산이 있고, 오른쪽으로는 햇빛에 반사된 금강이 평화롭게 빛난다. 산 아래쪽에는 전시실, 손보기기념관, 체험학습관 등이 있고, 구석기 사람들의 삶을 보여주는 움막이나 막집도 찾아볼 수 있다. 전시실은 도구를 통한 인류의 문화적 진화를 스토리텔링으로 만들어, 구석기인의 생활상과 석장리 유적을 자연스럽게 이해할 수 있도록 구성해 놓았다. 유적지 곳곳에서 귀여운 구석기인 캐릭터 인형이 사냥하거나 멧돼지에게 쫓기는 재미있는 모습으로 등장한다. 유적지지만 구석기 테마 공원 같아 아이들과 방문하기 좋다.

📷 Sightseeing

갑사

📍 공주시 계룡면 갑사로 567-3 📞 041-857-8981 ₩ 입장료 400원~2,000원 🚌 버스 205, 206, 320, 321, 340

울긋불긋 가을에 더 아름다운 절

갑사는 계룡산 서쪽 기슭에 있다. 주차장에서 갑사 일주문에 이르는 길은 약 0.5km 정도의 아름다운 숲길이다. 길 양옆으로 150년이 넘은 느티나무, 참나무, 팽나무가 터널을 이뤄, 가을엔 그야말로 알록달록한 비단 숲길을 만든다. 갑사는 삼국시대 초기 백제 구이신왕 원년420 고구려에서 온 아도화상이 창건했다고 전해지나 확실한 기록은 없다. 통일신라 때에는 화엄종 10대 사찰 가운데 하나였다. 현재의 갑사는 마곡사의 말사로 작은 절이지만 갑사삼신괘불탱국보 298호, 갑사철당간 및 지주보물 256호, 갑사부도보물 257호, 갑사동종보물 478호, 월인석보판본보물 582호 등 많은 문화재가 있는 명찰이다. 갑사 건물은 1597년 정유재란 때 모두 소실되었는데, 1654년효종 5년과 1875년고종 12년 중건하였다. 지금 남아있는 건물은 대웅전, 적묵당, 진해당 등으로 웅장하면서도 단아한 조선의 건축물들이다. 갑사 경내엔 사명대사, 서산대사, 영구대사의 영정을 모신 표충원이 있는데, 매년 10월에는 임진왜란 때 최초로 승병을 일으켜 왜적과 싸우다 전사한 영규대사 추모제를 거행한다.

Sightseeing

동학사

공주시 반포면 동학사1로 462 042-825-2570 버스 206, 303, 350

계룡산의 아름다움을 품다

계룡산의 주봉인 천황봉 북동쪽 골짜기에 있는 비구니 절이다. 신라 때부터 이곳에 절이 있었는데, 고려 태조 3년920년에는 태조의 원당으로 중창되었고, 규모가 커져 후에 동학사라 이름 지었다. 조선 영조 4년1728년 이인좌의 난 때 전소된 것을 순조 14년1814년 다시 지어 오늘에 이르고 있다. 동학사 진입로는 벚나무가 울창한 숲길이다. 봄에 더없이 아름답지만, 꽃이 지고 난 후에도 나무가 터널을 이뤄 드라이브를 즐기기 좋다. 주차장부터 동학사까지 약 1.6km의 길은 경사가 완만하고 평평하여 걷기 좋다. 독특하게 동학사 가는 길엔 궁궐, 관아, 능 같은 곳에 세워놓는 홍살문이 있다. 홍살문이 있는 이유는 경내에 신라의 시조와 박제상의 위패를 모신 동계사를 비롯하여 포은, 목은, 야은을 봉안한 삼은각, 단종이 폐위되자 김시습이 머리를 깎고 통곡했다는 숙모전 등이 있기 때문이다. 대웅전은 아담한 편이다. 동학사는 절 자체의 아름다움보다는 절에서 바라보는 계룡산의 산세와 절 앞으로 흐르는 계곡 등 자연이 주는 멋이 있다.

Sightseeing

마곡사

공주시 사곡면 마곡사로 966   041-841-6221   버스 770

여백의 미가 있는 절집

마곡사 가는 길은 치명적인 아름다움은 없지만, 여백의 미가 있어 좋다. 길은 냇가를 따라 자연스럽게 굴곡을 이루고, 시원한 냇물 소리는 작은 바위들을 휘감고 흐르며 새소리와 절묘한 하모니를 이룬다. 마곡사 경내는 극락교 아래 흐르는 희지천을 중심으로 남쪽 영역과 북쪽 영역북원으로 나뉜다. 남쪽 영역에는 해탈문, 마곡사에서 가장 오래된 건물 영산전보물 800호, 홍성루 등이 있다. 사람들은 대부분 남쪽 영역남원을 대충 훑어본 후 해탈문, 천왕문을 거쳐 북쪽 영역으로 간다. 마곡사의 중심건물은 북원에 있는 대광보전보물 802호이다. 하지만 마곡사에서 더 눈길을 끄는 건물은 대광보전 뒤편의 2층 법당 대웅보전보물 801호이다. 대웅보전은 부여 무량사와 구례 화엄사의 각황전과 더불어 우리나라에서 단 3개뿐인 2층 법당 중의 하나이다. 그밖에 대광보전 앞에는 라마 불교 영향을 받은 독특한 5층 석탑보물 799호이 있고, 대광보전 서쪽 응진전 옆에는 김구 선생이 승려 시절 머물던 마곡사를 광복 후 다시 찾아와 심었다는 향나무 한 그루가 있다. 대광보전 앞마당은 여백이 있어 좋다.

RESTAURANT·CAFE & STAY
공주 **맛집·카페·숙소**

Restaurant
시장정육점식당

- 공주시 백미고을길 10-5
- 041-855-3074
- 11:00~22:00
- ₩ 8,000원~12,000원
- **주차** 인근 주차장 이용

놋그릇에 담긴 육회비빔밥

공산성 맞은편의 음식특화거리에 있다. 식당은 그리 넓지 않지만 깔끔하다. 소고기구이, 육회비빔밥, 해장국 등 한우를 이용한 다양한 메뉴가 있으며, 특히 육회비빔밥으로 유명하다. 육회비빔밥을 주문하면 콩나물, 겉절이 등 세 가지 기본 반찬과 놋그릇에 육회가 얹어진 비빔 재료가 나온다. 아래에 콩나물과 당근, 양배추, 김이 깔려 있고, 그 위에 육회와 잣이 얹어져 있다. 비빔 재료에 밥, 참기름, 고추장을 넣고 비벼 먹는다. 놋그릇에 숟가락이 부딪칠 때마다 '댕댕' 맑은소리가 들려 마음이 즐겁다.

Restaurant
명성불고기

- 공주시 웅진로 200
- 041-857-8853
- 11:30~21:30
- ₩ 9,000원~40,000원

부추를 수북하게 얹은 국물 불고기

공산성에서 웅진로를 따라 중동교차로 방향으로 약 1km 정도 가면 나온다. 식당은 1~2층을 모두 사용하는데, 1층에는 의자식 테이블이 있고 2층은 좌식이다. 40년 전통의 맛집이지만 얼마 전에 개업한 것처럼 깔끔하다. 식사 시간에는 어느 정도 기다림은 각오하는 게 좋다. 주문하면 밑반찬과 함께 불고기가 나온다. 잡채, 오이소박이, 버섯 볶음 등이 반찬으로 나온다. 간이 세지 않고 재료 본연의 맛을 간직하여 좋다. 불고기는 맛이 부드럽고 달콤하여 젓가락질을 멈출 수 없다. 무엇보다 국물맛이 깊고 진하다.

Restaurant
청양분식

- 공주시 산성동 186-118
- 041-855-6049
- 4,000원~5,000원
- 주차 산성시장공영주차장 이용

멸치로 국물을 낸 잔치국수

공주의 꽤 큰 시장인 공주산성시장에 있는 맛집이다. 대표메뉴는 잔치국수이다. 멸치로 국물을 낸 평범한 국수지만 늘 손님들로 북적인다. 중간 면을 사용하여 면발이 다소 두툼하다. 첫인상은 특별함이 없지만, 국물맛을 보고 나면 왜 사람들이 이곳을 즐겨 찾는지 알게 된다. 간이 세지도 않고 그렇다고 싱겁지도 않고, 입에 착 달라붙는 국물 맛이 일품이다. 곁들여진 충청도식 김치가 감칠맛을 더해 준다. 서걱서걱 씹히는 식감에 간이 적당하여 면과 함께 먹기 아주 좋다.

Restaurant
맛깔

- 공주시 제민천3길 58
- 041-858-7003
- 10:30~21:00
- 8,000원~13,000원
- 주차 주변 공영주차장 이용

자연산 송이와 두부의 환상적인 조합이 일품

공주 시내를 흐르는 제민천의 반죽교와 대통교 중간지점, 고가네 칼국수와 이웃해 있다. 입구는 유럽의 허물어진 신전처럼 세 개의 기둥에 삼각형의 몸체가 얹혀있고 벽면에는 넝쿨나무의 줄기들이 얼기설기 얽혀있다. 문을 들어서면 정리되지 않은 정원을 보며, 과연 이곳이 정말 맛집인가 하는 의심이 든다. 하지만 이곳은 전골 요리와 돈가스로 명성이 높은 곳이다. 전골 요리는 신선한 채소와 풍미 깊은 송이를 사용하였으며 조미료 맛이 거의 나지 않으며, 반찬은 간이 세지 않아 좋다.

Restaurant
고가네칼국수

- 공주시 제민천3길 56
- 041-856-6476
- 11:00~21:30
- 6천 원~2만5천 원
- 주차 인근 공영주차장 이용

칼국수, 만두전골, 보쌈

공주 시내를 흐르는 제민천의 반죽교와 대통교 중간지점에 있다. 60년대 직물공장이었던 곳을 개조하여 만든 식당이라 붉은 외벽과 넝쿨나무가 이색적이다. 칼국수 집이지만 만두전골과 보쌈도 유명하다. 만두전골엔 평양식 만두가 들어간다. 만두소에 고기가 많이 들어가 육즙이 풍부한 것이 특징이다. 만두전골에 우리 밀로 만든 칼국수도 넉넉히 넣어준다. 또 다른 별미인 칼국수는 사골로 우려낸 육수에 채소와 버섯을 넣어 시원하고 진한 감칠맛이 난다. 칼국수만 먹기 아쉽다면 수육을 곁들여 먹으면 좋다.

Restaurant
곰골식당

- 공주시 봉황산1길 1-2
- 041-855-6481
- 11:00~21:00
- 8,000원~20,000원
- 주차 바로 앞 공영주차장 이용

불맛 가득, 석쇠에 구운 참숯제육볶음

공주사대부고 바로 옆에 있다. 이곳은 생선구이와 참숯제육볶음이 유명하다. 음식을 주문하면 기본적으로 콩나물무침과 어묵볶음 등 7가지의 밑반찬과 쌈 채소가 나온다. 밥은 돌솥에 지은 흑미밥인데 찰지고 고소하다. 제육은 주문과 동시에 석쇠에 굽기 시작하여 5분쯤 후에 석쇠를 통째로 가져다준다. 살짝 맵지 않을까 걱정이 되지만, 막상 한 입 먹어보면 달큼하고 쫄깃하여 즐겁게 식사하게 된다. 동행이 있다면 생선구이도 시켜보자. 전혀 다른 종류임에도 불맛이라는 공통점으로 완벽한 하모니를 이룬다.

Restaurant
진흥각

- 공주시 감영길 20
- 041-855-4458
- 11:00~14:00
- 6,000원~23,000원
- 주차 인근 공영주차장 이용

세 시간만 영업하는 공주 3대 짬뽕

제민천의 대통교 모서리에 있다. 진한 분홍색 외관이라 눈에 띄지만, 입구가 큰 길이 아닌 제민천 쪽으로 돌아앉아 있고, 그마저도 차고 문 같아 과연 이곳이 공주 3대 짬뽕집이 맞는지 궁금증이 든다. 짜장면, 짬뽕, 짬뽕밥 단 세 가지뿐이었으나, 2020년부터 탕수육을 추가했다. 운영시간이 한낮 세 시간뿐이라 이 집 짬뽕을 맛보려면 부지런 떨어야 한다. 짬뽕 국물이 왈츠처럼 가볍고 깔끔하고 한마디로 끝내준다. 돼지고기, 오징어, 각종 채소가 국물과 멋진 하모니를 이룬다. 투명할 정도로 얇은 단무지도 너무 맛있다.

Restaurant
중동오뎅집

- 공주시 제민천3길 42
- 041-855-4411
- 10:00~18:00
- 4,000원
- 주차 인근 공영주차장 이용

군만두가 더 유명한 50년 분식집

공주 구시가지 중동교 바로 앞에 있다. 짬뽕으로 유명한 진흥각에서 제민천3길을 따라 남쪽으로 약 100m 거리이다. 50년 전통의 어묵집이지만 군만두가 더 유명하다. 군만두를 주문하면 노릇노릇하게 잘 튀겨진 만두가 접시 한가득 나온다. 반달 모양의 만두는 속에 당면이 가득하다. 부드러운 식감이 바삭한 만두피와 잘 어울린다. 1인분에 9개로 양이 푸짐하고 단무지와 빨간 초장이 함께 나온다. 초장은 의외로 만두와 조화를 이루며 맛을 상승시킨다. 따끈한 어묵과 국물이 서비스로 함께 나온다.

Restaurant
황해도 전통손만두국

- 공주시 우금티로 744
- 041-855-4687
- 11:00~20:00(만두 소진 시 종료)
- 5,000원~7,000원
- 주차 가능

1등급 돼지 뒷다릿살로 만든 만두소

공주대학교 옥룡캠퍼스 정문 건너편에서 공주터널 방향으로 100m 거리에 있다. 황해도가 고향인 할머니와 며느리가 직접 손으로 만두를 빚는다. 실내는 탁 트여 있고, 인테리어도 깔끔한 편이다. 만두소는 지방이 적어 부드럽고 육즙이 진한 1등급 돼지 뒷다릿살을 사용한다. 그 밖에 당면, 부추, 두부, 애호박 등이 들어간다. 간이 세지 않은 편이며, 국물도 조미료를 사용하지 않아 담백하다. 그날 준비한 만두가 다 팔리면 영업을 끝낸다. 헛걸음칠 수도 있으므로 미리 연락하고 가는 게 좋다.

Restaurant
태화식당

- 공주시 사곡면 마곡상가길 10
- 041-841-8020
- 08:30~20:30
- 8,000원~50,000원
- 주차 가능

마곡사 입구의 산채정식 맛집

마곡사 입구 상가 주차장 맞은편에 있다. 사찰 부근에 가면 산나물 음식 식당이 많지만, 이 집은 충남 전통문화의 집이라 오랜 전통과 맛이 살아있다. 산채정식을 주문하면 진귀한 갖가지 산나물들을 맛볼 수 있다. 산채정식은 2인을 기본으로 주문해야 하며, 반찬 가짓수가 거의 20여 개에 달한다. 하나하나 맛보는 재미가 쏠쏠하고, 다양한 나물이 저마다 다른 향내와 맛을 낸다는 사실에 놀라게 된다. 맛의 호사를 실컷 누리다 보면 영양은 물론 산나물 향기를 맡는 즐거움까지 얻을 수 있다.

 Restaurant

라루체

📍 공주시 반포면 계룡대로 1392 📞 042-585-0116 🕐 11:30~22:00
₩ 16,000원~47,000원 ℹ️ 주차 가능

계룡산 뷰와 갤러리 같은 레스토랑

동학사 근처에 있는 맛집이다. 동학사와 계룡시 방향으로 갈라지는 학봉교차로에서 계룡시 방향으로 접어들어 300m쯤 가면 길 왼쪽에 있다. 문을 들어서면 한쪽 면이 전부 유리로 되어 있어 계룡산 능선이 선명하게 들어온다. 벽면에 걸린 그림은 예술적 감각이 돋보이고 작은 소품에도 신경을 쓴 흔적이 보인다. 이탈리안 풍 레스토랑으로 파스타와 피자, 그리고 스테이크로 유명하다. 단품으로 다양한 음식을 맛볼 수도 있고 연인이나 부부를 위한 세트 메뉴도 즐길 수 있다. 음식은 담백해서 짠맛이나 단맛이 덜하다. 출입구 반대편 안쪽에는 수영장이 있고, 파라솔과 탁자와 의자들이 있어 휴양지에 온 기분이 든다. 여행의 여유를 만끽하고 싶을 때 들르면 좋겠다. 커피도 즐길 수 있다. 2층은 펜션으로 사용하고 있다.

 Cafe
베이커리 밤마을

공주시 백미고을길 5-13   041-853-3489   09:00~21:00
3,000~19,000원   주차 공산성 공영주차장

공주 밤 파이의 달콤한 유혹

공산성 안내소 건너편에 있다. 공산성 주차장에서 제일 가까운 횡단보도를 건너면 이윽고 베이커리 밤마을이다. 공주 밤 파이로 입소문이 난 곳으로 이미 많은 언론에 소개되었다. 밤 파이를 비롯하여 밤 마들렌, 밤 팡도르, 밤 에끌레어 등 4종의 밤을 활용한 빵을 개발하여 판매하고 있다. 대표 메뉴인 밤 파이는 바삭한 페이스트리 속에 밤앙금과 통밤이 들어있다. 밤앙금 맛이 담백해서 은근히 끌린다. 파이는 보통 앙금이 너무 달아 많이 먹지를 못하는데 밤 파이는 몇 개를 먹어도 질리지 않는다. 1층에선 직원들이 빵을 만들고 굽느라 바삐 움직인다. 2층으로 올라가면 조용한 한옥 카페가 있어 편안하게 밤 파이와 커피를 즐길 수 있다. 2층에는 공산성이 손에 잡힐 듯 가까이 있다.

 Cafe
바흐

공주시 제민천1길 75 041-855-2121 09:00~22:00
₩ 3,000원~5,000원 **주차** 인근 공영주차장 이용

책 그리고 커피와 샌드위치
제민천 대통교 옆에 있는 카페다. 제민천은 북에서 남으로 흐르며 공주 시내를 골고루 적셔주고는 금강에 안긴다. 천변을 따라 맛집과 카페가 듬성듬성 들어서 있다. 바흐도 그 가운데 하나이다. 오래된 건물을 리모델링했는데, 콘크리트를 그대로 노출해 빈티지한 느낌을 준다. 바흐는 우리가 잘 아는 음악가 이름인데, 독일어로는 '실개천'이라는 뜻을 가지고 있다. 이곳은 그런 속뜻을 접어두고 쉽게 접근했다. 가게 이름 BACH를 Books and Coffee & Sandwiches로 풀었다. 북 카페답게 안쪽 벽면에 잘 정리된 책장이 정감이 넘친다. 전체적으로 분위기는 차분하면서도 캐주얼하다. 직접 로스팅한 커피를 사용하는데, 기본으로 2샷으로 제공해 커피의 맛과 풍미가 깊고 부드럽다. 직접 만든 쿠키와 샌드위치도 판매한다. 치아바타 샌드위치가 대표 메뉴다. 소모임을 할 수 있는 독립된 공간이 있어 동아리나 스터디 모임 하기도 좋다.

Cafe
루치아의 뜰

- 공주시 웅진로 145-8
- 041-855-2233
- 평일 12:30~19:00
  주말 13:30~19:00
- 7,000원~8,000원
- 주차 인근 공영주차장 이용

정겹고 따뜻한 한옥 카페

공주 구도심에 있는 작은 한옥 찻집이다. 대지 40평에 건물 면적은 10평에 불과하며, 부엌 한 칸, 방 두 칸, 그리고 다락방이 전부다. 뜰에 들어서면 마치 시골 할머니 댁에 온 듯 마음이 정겹고 따뜻해진다. 미닫이문을 열고 들어가면 주방이 나오고 주방을 지나면 오른쪽에 방이 있다. 부엌 위쪽 계단을 오르면 너무나 사랑스러운 다락방이 나온다. 다락방에서 바라보는 마당 풍경이 운치 있다. 메뉴의 이름이 독특하다. '공산성에 오르는 길 세트', '무령왕 세트' 등 메뉴마다 공주 이야기를 담았다.

Cafe
미세스피베리

- 공주시 번영1로 84-5
- 041-858-7777
- 12:00~22:30(마지막 주문 22:00)
- 3,500원~20,000원
- 주차 신광동공원 공영주차장, 대학로공영주차장

디저트도 수제가 기본

공주 신시가지 신관주공1단지아파트 남쪽에 있다. 빙수와 디저트가 유명하다. 직접 만든 쿠키와 크래커 등이 전시되어 있어 직접 골라 먹을 수 있다. 질감이 살아있는 벽돌과 원목 장식장, 아기자기한 소품이 어우러져 은은하고 차분한 느낌을 준다. 카페의 가장 안쪽엔 손님들에게 인기 좋은 다락방이 있다. 커피는 물론 모든 디저트는 수제를 기본으로 하는 까닭에 주문 후 메뉴가 나오기까지 다른 곳보다 시간이 조금 더 걸린다. 과일 음료도 인기가 좋은 편이다. 제철 과일로 만들어 맛이 풍부하고 상큼하다.

Cafe
프로비던스

- 공주시 반포면 계룡대로 1406
- 041-826-6060
- 10:00~23:00
- 5,000원~8,000원
- 주차 가능

테라스, 유기농 빵 그리고 커피

동학사로 들어가는 학봉교차로에 있다. 계룡산 봉우리들을 향해 두 팔을 벌린 듯한, 기역 자 형 3층 건물이다. 2층과 3층에 야외 테라스가 있어 따뜻한 계절이면 여유와 낭만을 만끽하기 좋다. 이곳은 유기농 밀가루와 천연 발효종을 사용하여 만든 빵으로 유명하다. 1층에서 주문을 하고 2층이나 3층으로 엘리베이터를 타고 올라가면 된다. 차분하고 심플한 인테리어가 돋보이며, 천장이 높아 개방감이 좋다. 창밖 풍경도 그만인데, 커다란 창을 통해 계룡산의 능선을 마음껏 즐길 수 있다.

Stay
금강관광호텔

- 공주시 전막2길 16-11
- 041-852-1071
- 4만5천 원~10만 원

넓고 깨끗한 객실

공주종합버스터미널에서 도보 5분 거리에 있다. 지금은 호텔이 몇 개 생겼지만, 몇 해 전까지 공주에 하나밖에 없는 호텔이어서 외국인 관광객과 유명인들이 공주에 오면 이곳에 묵었다. 주변에 많은 숙박시설이 모여있어 불편한 마음이 생길 수도 있지만, 호텔이 깔끔해 주변 환경에 대한 우려를 씻어준다. 온돌방과 침대방 등 모두 49개의 객실을 갖추고 있다. 부대시설로 식당과 주점이 있다. 객실은 대체로 넓고 깨끗하고 아늑한 느낌을 준다. 호텔 인근에 금강신관공원이 있고, 공산성까지는 약 1.5km이다.

 Stay
공주한옥마을
공주시 관광단지길 12
041-840-8900 ₩ 8만 원~25만 원

현대식 시설을 갖춘 전통 한옥 숙소
공주한옥마을은 여러 채의 한옥과 초가집이 어우러진 숙박촌이다. 전통 마을 정취를 담고 있어 구경하는 재미도 남다르다. 공주국립박물관에서 동쪽으로 약 200m 거리에 있다. 22개의 건물이 옹기종기 모여있는데 마치 자연적으로 형성된 한옥마을처럼 골목 풍경이 정겹다. 한옥을 소나무와 삼나무로 지어 깔끔하고 건강한 느낌을 준다. 내부는 현대식 시설을 갖추고 있어 숙박하는데 불편하지 않다. 하지만 사람에 따라 방의 위쪽은 따뜻하고 아래쪽은 차가운 전통 방식 구들장이 다소 낯설 수도 있다. 객실 이외에 전통문화 체험 시설을 비롯하여 공방, 워크숍을 할 수 있는 백제방, 오토캠핑장 등을 갖추고 있다. 마을 입구 오른쪽에 편의점과 대형 식당들이 있어 편리하다.

Part 5
부여

여행 지도 | 부여 미리 알기 | 버킷리스트
핫스폿 | 맛집·카페 | 리조트·휴양림·한옥 펜션

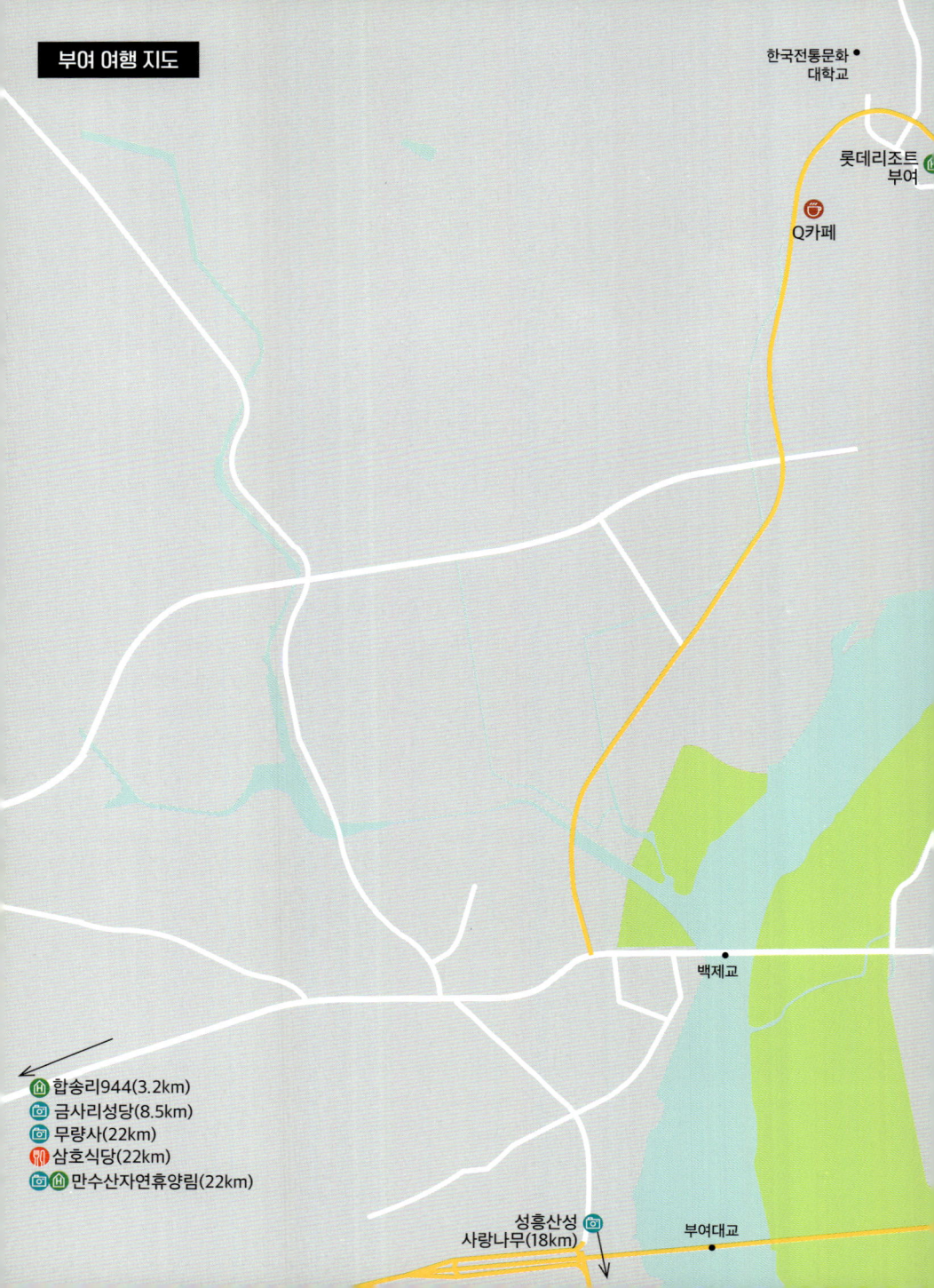

 ## 부여 미리 알기

정답고 부드러운 백제의 향기를 품다

세계문화유산의 도시 부여는 백제의 마지막 수도이다.
부여를 여행하다 보면 안타까움과 아쉬움, 그리고 부끄러움과 미안한 마음이 든다.
하지만 부여에선 사비 시대의 궁극의 아름다움도 곳곳에서 만날 수 있다.
쓸쓸하면서도 어느새 마음이 풍성해지고 윤택해진다.

백제의 마지막을 지켜보는 슬픔

부여는 백제의 마지막 수도였다. 538년 성왕은 백제 중흥의 뜻을 품고 수도를 공주에서 부여로 옮겼다. 660년 백제가 멸망할 때까지 123년간 수도였다. 원래 소부리 사비라고 불렸다. 백제 역사에 있어 부여 시대 538년~660년 는 삼국에서 최고의 예술혼을 꽃피운 시절로 평가받고 있다. 백제의 학문, 건축, 종교, 예술은 일본 고대문화에 큰 영향을 주었다. 백제가 전해준 문화유산 중 현재 일본의 국보로 지정된 것이 한둘이 아니다.

부여는 '날이 부옇게 밝았다'라는 말에서 유래했다. 원래 새벽의 땅이었으나 660년, 나당연합군의 말발굽 아래 무참히 짓밟혔다. 〈동국여지승람〉은 "집들이 부서지고 시체가 우거진 듯하였다."라고 당시의 참혹했던 모습을 적고 있다. 부여를 생각하면 낙화암부터 떠오른다. 벚꽃 엔딩이라는 노래도 생각난다. 낙화암에서 떨어졌다는 3천 궁녀 이야기는 역사 기록에 나오지 않는다. 조선 초 문인들의 시에 등장하는데 그 삼천도 많다는 문학적 표현일 따름이다. 사실 숫자는 중요하지 않다. 떨어진 궁녀가 비록 한 명이었다고 해도 슬픔의 크기는 똑같았을 것이기 때문이다. 낙화암에서 떨어진 꽃잎들이 바로 부여이고 백제이다.

낙화암 아래 백마강은 흐르고

부여를 만나기 위해서는 먼저 부소산으로 가야 한다. 높이 106m로, 완만한 산세를 가진 부여의 진산으로 동쪽과 북쪽은 가파르고 백마강에 맞닿아 있다. 부소산은 백제 왕실의 후원이면서 왕궁을 방어하는 최후의 보루였다. 부소산에는 부소산성이 있다. 그 외에도 군창지와 백제 때 건물터, 그리고 영일루, 송월대, 사자루, 낙화암, 고란사 등이 있다. 부소산에 가면 느릿느릿 걸어보길 바란다. 잠시 혼자 여행 온 것처럼 부소산을 거닐어 보라. 울창한 숲길을 걷다 보면 백제의 옛 향기가 느껴질 것이다.

정림사는 부여를 대표하는 절 가운데 하나였다. 성왕이 사비성으로 도읍을 옮길 때 지은 사찰로 왕궁의 정 남쪽에 있다. 절집은 없어지고 정림사지5층석탑 국보 9호만 남아 절터를 지키고 있다. 석탑은 백제의 빼어난 예술세계를 보여준다. 석탑이지만, 마치 목조탑처럼 기둥과 모서리에 배흘림 기법이 남아있다. 또한, 지붕 선에 처마를 살짝 들어 올려 상승감을 주어 경쾌하고 부드럽다. 높이 8.33m에 달하지만 육중하기보다는 단아하고 우아하다. 탑에 가까이 가서야 비로소 장중함을 느낄 수 있다.

궁남지, 왕의 정원에서 연꽃 정원으로

정림사터에서 남쪽으로 700m쯤 더 가면 궁궐 남쪽 연못 궁남지가 나온다. 백제 무왕이 634년에 만든 정원의 연못으로 우리나라에서 가장 오래된 인공연못이다. 경주의 동궁과 월지보다 40여 년이나 앞선다. 〈삼국사기〉에 따르면 "백제 무왕 35년634 궁의 남쪽에 못을 파 20여 리 밖에서 물을 끌어다가 채우고, 주위에 버드나무를 심었으며, 못 가운데는 섬을 만들었는데 방장선산方丈仙山을 상징한 것"이라는 기록이 있다. 기록에서처럼 작은 섬에 포룡정이 있다. 연못을 중심으로 넓은 연지가 펼쳐진다. 7~8월이면 연지마다 연꽃들이 만개해 이국적인 장관을 연출한다. 궁남지의 조경기술은 왜에 전해져 일본 정원의 시초가 되었다. 궁남지는 백제 무왕의 출생 설화와 관련이 있다. 백제 29대 법왕재위 599~600의 시녀가 연못가에서 홀로 살던 중 용신과의 사이에서 아들을 낳았는데, 그 아이가 법왕의 뒤를 이은 무왕이다.

백제금동대향로, 궁극의 예술성

공주에 송산리고분군이 있다면 부여에는 능산리고분군이 있다. 이곳에는 7기의 고분이 있는데 사비 시대의 왕이 모두 여섯 명이었으니까 얼추 비슷하지만, 모두 도굴되어 무덤의 주인은 알 수 없다. 능산리고분군에서 능사터 쪽으로 가다 보면 무덤 2기가 보이는데 바로 의자왕단이라는 곳이다. 백제가 패망하면서 의자왕을 비롯한 많은 백제인이 당나라로 끌려갔는데 결국 의자왕은 그곳에서 죽어 묻혔다. 의자왕은 우리나라 최초로 타국에서 유명을 달리한 왕으로 중국에 무덤이 있었는데 2000년에 능산리고분군으로 혼을 옮겨오는 의식을 치르고 이곳에 가묘를 만들었다. 고분군 서쪽에 능사터가 있는데 그곳에서 백제 금속 예술의 정수이자 최고봉이라 할 수 있는 백제금동대향로국보 287호가 발견되었다. 금동대향로는 한 마리의 용이 머리를 들어 입으로 향로를 물고 있는데 섬세하고 입체적이며, 조형성은 물론 종교와 사상이 함축된 백제예술의 집합이라 해도 과언이 아니다. 백제 사비 시대를 알기 위해서는 국립부여박물관과 백제문화단지를 둘러보아야 한다. 사비 시대 백제의 문화는 그야말로 동아시아 최고의 수준에 있었음을 엿볼 수 있다.

©국립부여박물관

부여 버킷리스트

MUST GO

01 궁남지, 〈철인왕후〉 촬영지에서 인생 샷을!
궁남지는 왕이 놀던 별궁의 연못이다. 〈서동요〉의 주인공 무왕의 탄생 설화가 흐르는 한국 최초 인공연못이다. 궁남지의 절정은 여름이다. 여름이면 흰 연꽃, 붉은 연꽃이 스스로 배경이 되어 궁남지를 우아하게 빛내준다. 연못 가운데 작은 섬에는 포룡정이라는 정자가 있다. 그곳에 닿으려면 아름다운 나무다리를 건너야 한다. 어디서든 멋진 사진을 얻을 수 있다. 야경도 무척 아름답다.

ⓒ국립부여박물관

02 백제예술의 절정 금동대향로 감상하기
용 한 마리가 연꽃 봉오리를 물고 있다. 백제금동대향로! 1993년, 1400년 동안 진흙 속에서 잠자던 백제문화의 절정이 기적처럼 깨어났다. 향로는 신비롭고 정교하다. 숨 막힐 듯 아름답다. 용, 봉황, 산, 연꽃, 사람, 악기, 갖가지 동물을 놀랍도록 세밀하게 묘사했다. 불교와 도교를 융합한 백제예술의 꽃이자 정신의 정수이다. 부여국립박물관에서 감상할 수 있다.

03 정림사지에서 백제문화의 품격 느끼기
정림사는 사비성 중심부에 있던 부여의 대표 사찰이었으나, 절은 사라지고 지금은 정림사지5층석탑만 남아 절터를 지키고 있다. 그러나 석탑 하나만으로 이곳에 갈 이유는 충분하다. 백제 석탑의 시조인 정림사지5층석탑은 잘 차려입은 귀인처럼 단정하고 우아하게 서서 빈 절터의 쓸쓸함을 지워버린다. 격조 높은 석탑은 절터 곳곳에 백제의 품격을 은은하게 풀어놓는다.

04 백제문화단지, 백제로 떠나는 시간 여행
백제문화단지는 찬란했던 백제문화를 재현해 놓은 곳이다. 크게 백제역사문화관과 사비성으로 구분돼 있다. 백제역사문화관은 모형과 그래픽으로 백제의 역사와 문화를 풀어내 아이들과 방문하기 좋다. 사비성은 사비궁, 능사, 고분 공원, 생활문화 마을, 위례성으로 구성했다. 능사의 5층 목탑이 특히 볼만하다. 시간이 된다면 부소산성과 낙화암에서 백제의 마지막을 느껴봐도 좋겠다.

05 성흥산성 사랑 나무 아래에서 인생 샷 찍기

성흥산성은 동성왕 때 사비성을 지키기 위해 금강 하류 부근에 쌓은 돌성이다. 하지만 산성보다 더 유명한 건 산성 안에 자라는 우아하고 멋진 400년 된 느티나무다. 나뭇가지 하나가 오묘하게 휘어져 하트 반쪽 모양을 이루고 있다. 그래서 '사랑 나무'라고 부른다. 여행자들은 나무가 만들어준 하트 아래에서 그림 같은 인증 샷을 찍는다. 일몰 시간대엔 줄을 서야 찍을 수 있다.

MUST EAT

01 장원막국수, 마법의 육수가 감각 세포를 깨운다

장원막국수집 메뉴는 간단하다. 막국수와 편육, 딱 둘뿐이다. 이 음식 저 메뉴 손대기보다 잘할 수 있는 것에 집중하여 맛의 차별화를 이루었다. 도대체 질리지 않는 마법의 육수가 시원하게 몸으로 퍼지며 감각 세포를 깨운다. 쫄깃한 면발은 씹는 즐거움을 주고, 아삭한 반찬이 청각을 만족시킨다. 한 여름날, 땡볕 아래에서도 사람들이 조바심 내지 않고 기다리는 데는 다 이유가 있다.

02 대체 불가 통닭과 살살 녹는 한우 즐기기

식어도 맛이 변하지 않는 통닭이 있다. 부여 중앙시장의 시골통닭이다. 한 마리 통째로 튀겼는데, 기름내도 없고 질기지도 않다. 천천히 음미하면서 먹어도 좋을 만큼 식은 통닭도 맛이 변하지 않는다. 프랜차이즈에서는 느낄 수 없는 맛이다. 부여에서 한우가 먹고 싶다면 서동한우본점으로 가자. 건조 숙성한 한우고기 맛이 특별하다. 육질은 부드럽고, 향과 육즙은 풍부하다.

03 디저트가 그리울 땐 궁남지 옆 사바램으로

궁남지 근처에 있는 디저트 카페다. 왕의 연못을 구경하고 나서 달콤한 것을 먹고 싶을 때 들르면 좋다. 10여 종류의 디저트를 판매하고 있는데, 만드는데 정성이 필요한 레몬 머랭 타르트와 과나하 다크무스는 1인당 2개로 판매를 제한할 만큼 인기가 좋다. 질리지 않는 단맛이 기분까지 좋아지게 해준다. 다음 여행지로 이동할 에너지를 충분히 얻을 수 있을 것이다.

SIGHTSEEING
부여 **명소**

 Sightseeing

궁남지

- 부여군 부여읍 동남리 117
- 041-830-2330
- 입장료 무료
- 버스 701, 702, 7, 8, 100

<철인왕후>의 촬영지, 연꽃의 아름다움에 흠뻑

경주에 월지안압지가 있다면 부여에는 별궁 정원 궁남지가 있다. <삼국사기>에 "백제 무왕 35년634년에 궁 남쪽에 연못을 파서 물을 20여 리나 끌어들였다."라는 기록이 나온다. 경주의 월지가 동궁에 조성된 연못이었듯이 궁남지도 별궁에 만든 연못이었을 가능성이 크다. 궁남지는 신라의 월지보다 40여 년 앞서 조성된 현존하는 가장 오래된 인공연못이다. <삼국사기> 백제 본기 무왕 조에 "왕이 망해루에서 군신들을 위하여 잔치를 베풀었다."라는 기록이 있고, 월지에 백제문화의 흔적이 보이는 것으로 미루어, 사람들은 월지의 임해전이 궁남지의 망해루를 본떠 만들었다고 추측한다. 지금은 연못 중앙의 작은 섬과 팔작지붕의 정자 포룡정만 남아있다. '포룡'은 한 여인이 이 연못가에서 용과 정을 통해 아이를 낳았다는, 서동무왕의 탄생 설화에서 유래한 이름이다. 궁남지의 아름다움은 여름에 절정을 이룬다. 궁남지 주변 3만여 평에 연꽃이 가득 피어난다. 사람들은 연꽃과 정자, 나무다리를 배경으로 인생 사진을 찍는다. 궁남지는 야경 명소이기도 하다.

 Sightseeing

국립부여박물관

◎ 부여군 부여읍 금성로 5 ☎ 041-833-8562 ⓒ 09:00~18:00(월요일, 1월 1일, 설날, 추석, 휴무)
₩ 입장료 무료 🚌 버스 701, 702, 8, 100

동아시아의 걸작 백제금동대향로를 품다

부여읍 남동쪽 금성산 기슭에 있다. 이 박물관이 특별한 이유는 백제의 예술과 철학을 담은 백제금동대향로국보 제287호가 있는 까닭이다. 백제금동대향로는 1993년 능산리고분 옆 절터에서 1400년 동안 진흙 속에서 잠자다 기적처럼 깨어났다. 높이 62cm에 가까울 만큼 보기 드문 대작으로, 용이 연꽃 봉오리를 떠받치고 있는 형상이 놀랍도록 신비롭고 숨 막힐 듯 아름답다. 용, 봉황, 산, 연꽃, 사람, 악기, 갖가지 동물을 세밀하게 묘사했는데, 탁월한 예술적 감각이 돋보인다. 불교와 도교를 융합한 동아시아 최고의 향로로, 7세기 초 백제인의 정신세계와 예술적 역량이 집중된 걸작이다. 부여국립박물관의 또 다른 걸작은 벽돌이다. 도교와 불교 사상을 자연에 담은 산수 문양, 연꽃 문양, 용 문양, 봉황문양 등 꽃처럼 아름다운 백제의 벽돌을 감상할 수 있다. 야외박물관에선 '당유인원기공비'가 눈길을 끈다. 백제 부흥군을 패퇴시킨 당나라 장수 유인원의 공적을 기리는 비라 자존심이 상하지만 역사적 사실이 상세하게 기록되어 있어 보물 제21호로 지정하였다.

ⓒ국립부여박물관

ⓒ국립부여박물관

Sightseeing
부소산성과 낙화암

📍 부여군 부여읍 쌍북리 산 4
📞 041-830-2884
🕐 3월~10월 09:00~18:00, 1월~2월 09:00~17:00
₩ 입장료 1,000원~1,500원
🚌 버스 600

백제의 도읍지, 사비성
부소산에 있는 산성이다. 백제의 도성으로 당시엔 사비성이라 불렀다. 둘레는 약 2.2km이다. 부소산은 높이가 106m밖에 되지 않는 언덕으로 백마강부여 부근의 금강을 백마강이라 부른다.을 등지고 있다. 산성을 따라 산책길을 조성해 놓아 둘러보기 좋다. 성안에는 삼충사, 영일루, 군창지, 반월루, 사자루 등이 있다. 삼충사는 백제 말기의 충신 성충, 홍수, 계백을 기리는 곳이다. 영일루는 백제 때 임금이 멀리 계룡산 위로 뜨는 해를 보며 나라의 안녕을 기원했다는 '영일대' 자리에 훗날 세운 누각이다. 부소산 동쪽 정상 부근에 있는 군창지는 군수물자를 보관했던 곳이다. 불에 탄 군량미가 발견되었다. 반월루는 부여 시내를 한눈에 담을 수 있는 부소산 최고의 전망대이다. 부소산에서 가장 높은 곳에 있는 사자루는 반월루에서 낙화암을 향해 걷다 보면 나온다. 사자루에서 북서쪽으로 조금 내려가면 낙화암과 1329년 낙화암에서 뛰어내렸다는 궁녀를 기리기 위해 세운 정자 백화정이 있다. 낙화암에서 아래로 내려가면 백제 여인들의 넋을 기리기 위해 지었다는 절 고란사가 나온다.

3천 궁녀의 오해와 진실

3천 궁녀란, 백제가 멸망할 때 사비성의 궁녀 3,000명이 부소산의 절벽 낙화암에서 백마강으로 몸을 던졌다는 슬프고 아찔한 이야기이다. 백제 멸망 이야기가 나오면 곧잘 떠오른다. 주현미의 '백마강' 노랫말에도 나올 정도이니 웬만한 사람은 다 아는 이야기이다. 궁녀가 3천 명이나 있었다는 건 궁궐이 무척 크고, 왕의 생활이 화려하고 사치스러웠다는 뜻이다. 3천 궁녀는 자연스럽게 부패한 백제 왕실을 떠올리게 한다. 그리고 사필귀정. 왕이 민생은 외면한 채 호화로운 생활을 탐닉했으니 나라가 망하는 건 당연했다는 이야기로 귀결된다.

3천 궁녀 이야기는 사실일까? 결론부터 말하면 사실이 아니다. 조선 시대 궁녀의 수가 약 500~600명이었던 점에 미루어 보면 이것이 얼마나 과장된 이야기인지 알 수 있다. 무엇보다 백제 역사를 기록한 〈삼국사기〉나 〈삼국유사〉 어디에도 3천 궁녀 이야기는 나오지 않는다. 다만 〈삼국유사〉에 "의자왕과 모든 후궁이 남의 손에 죽지 않겠다고 하며 강에 투신했다고 하나, 궁인이 투신했다면 몰라도 이는 틀린 이야기이다"라고 기록이 나온다. 고려 말 문인 이곡은 "궁녀들이 적군에게 몸을 더럽힐 수 없다 하여 무리를 지어 이 바위에서 물로 떨어져 죽었으므로 낙화암이라 하였다."라고 부여 기행문에 적고 있다. 낙화암과 궁녀 이야기는 간혹 나오지만, 이때만 해도 '3천 궁녀' 이야기는 기록에 나타나지 않는다. '삼천'이라는 숫자는 조선 초 문인들의 글에 처음 등장하는데, 이는 중국 시에 '많다' 혹은 '길다'의 문학적인 표현으로 많이 쓰는 '3천'을 인용하여 사용한 것이다. 문인들이 백제 멸망의 슬픔을 극적으로 표현하기 위하여 과장법을 사용한 것이다. 3천 궁녀는 그러니까, 사실이 아니라 문학적인 표현인 셈이다.

Sightseeing
백마강

백제의 제일 큰 강

금강은 전북 장수군에서 발원하여 충청남북도를 지나 강경에 이르러 충청남도와 전라북도의 도계를 이루며 서해로 흘러가는, 우리나라에서 3번째로 긴 강이다. 백마강이라는 이름은 '백제의 제일 큰 강'이라는 뜻으로, 금강의 하류인 규암면 호암리의 천정대부터 부여읍 세도면 반조원리까지 약 16km 구간을 말한다. 백마강은 백제가 일본, 당나라 등 외국과 문물교역을 하는데 중요한 길목 역할을 했다. 부소산을 휘돌아 흐르는 강을 따라 낙화암을 비롯하여 부여 8경의 하나로 꼽히는 전망 명소 수북정, 왕이 도착할 때마다 저절로 따뜻해져 구들돌이라 불리던 자온대, 소정방이 용을 낚았다는 전설이 전해지는 조룡대, 임금 바위와 신하 바위라 불리는 천정대 등이 있다.

> **ONE MORE 백마강에서 황포돛배 타세요!**
> '황포돛배'는 백제 시대의 고증을 거쳐 만든 백마강 유람선이다. 백마강에는 유람선 선착장이 세 군데 있는데, 수북정 옆 백마강 유람선 선착장, 구드래 나루터 선착장, 고란사 선착장이다. 배에서 백마강 관련 노래가 흘러나오니 한 번쯤 귀 기울여 보자.
>
> **백마강 유람선 선착장** 주소 부여군 규암면 규암리 147-2 전화 041-835-3458 **구드래 나루터 선착장** 주소 부여군 부여읍 구교리 1-5 전화 041-835-4689 **고란사 유람선 선착장** 주소 부여군 부여읍 부소로 1-25 전화 041-835-4690 **요금** 일반 유람선(구드래~고란사) 왕복 3,500원~7,000원, 편도 2,500원~5,000원(7명 이상 출발) 황포돛배 일주 코스 13,000원(30명 이상 출발)

Sightseeing
정림사지

◎ 부여군 부여읍 정림로 83　📞 041-832-2721　🕐 3월~10월 09:00~18:00(추석 휴무)
11월~2월 09:00~17:00(1월 1일, 설날 휴무)　₩ 입장료 500원~1,500원　🚌 버스 701, 702, 8, 100

목탑 같은 석탑, 백제의 멸망을 지켜보다

부소산 남쪽 부여의 중심부에 있다. 사비를 대표하는 절이었으나, 지금은 정림사지오층석탑국보 제9호과 고려 때의 석불좌상보물 제108호만 남아있다. 1942년 발굴 당시 명문이 새겨진 기와가 나와 절 이름이 정림사이고, 고려 현종 19년1028년에 중건했다는 사실이 밝혀졌다. 1980년대 조사 때에는 중문, 5층 석탑, 금당, 강당을 일직선으로 배치하고, 그 둘레를 회랑과 승방으로 둘러싼 구조임이 밝혀졌다. 이곳이 소중한 이유는 정림사지5층석탑이 아직도 자리를 지키고 있는 까닭이다. 석탑은 높이가 8.3m나 되지만 위압적이지 않다. 오히려 잘 차려입은 귀인처럼 단정하고 우아하다. 격조 높은 석탑은 마치 나무를 정교하게 깎아 만든 목탑 같다. 백제의 탑이 목탑에서 석탑으로 바뀌는 과정을 보여주는 탑인 셈이다. 잘 보이지 않지만 안타깝게도 탑 몸체엔 소정방의 '대당평백제국비명'이 있다. 역설적으로 이 평정 기록문 덕에 백제가 인구는 620만 명에 이르고, 지방관을 파견하는 성현만 250개나 되는 큰 나라였음이 드러났다. 절터 동쪽에 있는 정림사지박물관도 함께 둘러보자.

Sightseeing

신동엽문학관

부여군 부여읍 신동엽길 12 041-833-2725 3월~10월 09:00~18:00 11월~2월 09:00~17:00
(월요일, 추석, 설날 휴무) 버스 701, 702, 10, 100, 101, 101-1

시인 신동엽을 만나러 가는 길

〈금강〉과 〈껍데기는 가라〉에서 반민족 세력에 대한 저항과 평화를 노래한 시인 신동엽1930~1969을 기리는 문학관이다. 신동엽 문학관은 부여 중심가인 군청 로터리에서 북서쪽으로 약 200m 거리에 있다. 문학관 앞에는 신동엽 시인이 태어나고 신혼생활도 했던 생가가 자리하고 있다. 문학관에 먼저 들러 신동엽을 충분히 이해하고, 생가를 방문하면 그의 삶 구석구석을 좀 더 느끼며 돌아볼 수 있다. 문학관은 지하 1층, 지상 1층의 콘크리트 건물이다. 카페 공간북 카페과 전시공간이 직각으로 맞붙어 있다. 전시공간에는 신동엽 시인의 문학적 배경, 당시 그가 사용했던 물건, 자필 편지 등이 전시되어 있어 그의 생애 전반에 대해 살펴볼 수 있다. 전시실 끝에는 옥상으로 연결된 철문이 있다. 옥상은 작은 마당처럼 꾸며져 있어 잠시 여유를 즐기기 좋다. 문학관 옆 북 카페에는 벽면에 신동엽문학상 수상 작가들의 사진이 걸려 있다. 작가들의 작품집도 만날 수 있으며, 굳이 책을 읽지 않더라도 카페에서 잠시 쉬어가기 좋다.

Sightseeing
능산리고분군

부여군 부여읍 능산리 388-1   041-830-2890   매일 09:00~18:00(동절기 09:00~17:00)
버스 701, 702, 604, 709, 710, 710-1, 711, 714

백제 왕실의 무덤

능산리고분은 부여 시내에서 동쪽으로 3km쯤 가면 나온다. 이곳에는 백제 왕릉군, 서 고분군, 동 고분군이 있는데, 여행객들은 백제 왕릉군을 많이 찾는다. 앞줄에 3기, 뒷줄에 3기, 그리고 제일 높은 곳에 가장 작은 고분 1기가 있다. 앞줄의 맨 오른쪽 위 1호분_{동하총}은 사신도 벽화가 나와 유명하다. 내부에 들어갈 수는 없고 능산리고분군 전시관 근처에 있는 모형 고분에서 벽화를 관람할 수 있다. 능산리의 고분들은 일제 강점기에 여러 차례 발굴이 이루어졌으나, 이미 도굴된 후라 유물이 많이 나오지 않았다. 외형은 원형봉토분의 형식이며 내부는 굴식돌방무덤이다. 고분군 주변에는 의자왕과 그의 아들 융의 묘비와 가묘, 능산리고분군 전시관, 능사지, 부여나성길이 84km의 수도방어 성곽이 있어 함께 돌아보기 좋다. 능산리고분군 전시관에서는 고분 자료뿐만 아니라 백제금동대향로와 백제 창왕명 석조사리감_{국보 제288호} 등 능사지 발굴 유물 이야기까지 함께 만날 수 있다. 의자왕과 융의 묘비와 가묘는 당나라에서 죽어 고국에 뼈를 묻지 못한 안쓰러운 영혼을 위로하기 위해 만들었다.

Sightseeing

백제문화단지

- 부여군 규암면 백제문로 455
- 041-408-7290
- 3월~10월 09:00~18:00(야간개장 18:00~22:00),
  11월~2월 09:00~17:00(야간개장 17:00~22:00)
- 문화단지+역사문화관 3,000원~6,000원
  역사문화관 1,000원~2,000원 야간개장 1,000원~3,000원
- 버스 404, 405, 406, 506

백제의 왕과 백성들은 어떻게 살았을까?

백제문화단지는 찬란했던 백제문화를 널리 알리고자 1994년 규암면 합정리에 조성하기 시작하여 2010년에 완성했다. 부여 시내에서 백마강 건너 북쪽으로 약 6km 거리에 있다. 볼거리가 많아 둘러보려면 최소한 1시간에서 3시간 정도의 여유는 확보하고 방문하는 게 좋다. 문화단지는 크게 백제역사문화관과 사비성 구역으로 나뉘어 있다. 백제역사문화관은 모형과 그래픽 등을 통해 백제에 대한 이해를 높일 수 있도록 만들어진 학습공간이다. 옛이야기를 들려주듯 백제의 역사와 문화를 풀어내 아이들과 방문하기 좋다. 백제역사문화관에서 나와 왼쪽으로 조금 가면 사비성 구역이 나온다. 사비성 구역엔 사비궁, 능사, 고분 공원, 생활문화 마을, 위례성 등을 재현해 놓았다. 사비성의 정문인 정양문을 들어서면 가운데 길을 두고 양쪽으로 널찍한 잔디광장이 펼쳐져 있다. 정양문에서 정면으로 보이는 것이 천정문이고, 천정문을 들어서면 사비궁이다. 사비궁을 바라보며 섰을 때 오른쪽이 능사이고, 능사 뒤쪽이 고분 공원이다.

ONE MORE 사비성 자세히 돌아보기

사비성 구역은 사비궁, 능사, 고분 공원, 생활문화 마을, 위례성 등을 재현해 놓은 곳이다. 사비궁은 단아하면서 화려하지만, 사치스러워 보이지 않는다. 검소하지만 누추하지 않았고, 화려하지만 사치스럽지 않았다고, 백제의 문화를 평가한 〈삼국사기〉의 기록을 직접 확인한 기분이 들어 반갑다. 사비궁은 천정전을 가운데 두고 동쪽의 문사전, 서쪽의 무덕전 등이 회랑으로 둘러싸인 형태이다. 천정전은 왕궁의 중심이 되는 건물로 즉위식이나 신년 행사, 외국 사신 맞이 행사가 이루어지던 곳이다. 중앙에는 어좌御座가 놓여 있다. 문사전과 무덕전은 왕의 집무 공간이다. 무덕전에서는 백제 복식 체험과 드라마 〈계백〉의 소품과 기념 촬영을 할 수 있다. 정양문에 서서 사비궁을 바라보면 오른쪽으로 탑이 보이는데 이곳이 능사이다. 능사는 성왕의 명복을 빌기 위해 세워진 왕궁 사찰로, 능산리고분 옆에서 발굴된 유적을 그대로 재현했다. 우아하고 장중한 5층 목탑이 특히 눈길을 끈다. 능사 뒤쪽엔 부여에서 출토된 7개의 고분을 이전하여 복원해 놓은 고분 공원이 있다. 고분 공원에서 산길로 난 오르막을 오르면 사비궁 전체를 조망할 수 있는 제향루가 나온다. 제향루에서 산 아래쪽으로 내려오면 초가들이 보이는데, 백제 온조왕이 도읍으로 삼았던 위례성을 재현해 놓은 것이다. 위례성 앞쪽에는 백제의 계층별 가옥을 재현해 놓은 생활문화 마을이 있다.

Sightseeing

성흥산성과 사랑나무

부여군 임천면 성흥로97번길 167 버스 8, 300, 301, 302, 303, 308

SNS에서 유명한 일몰 핫스폿

임천면의 성흥산성은 백제 동성왕재위 479~501이 사비성을 지키기 위해 금강 하류 부근 성흥산높이 260m에 머리띠 두르듯 쌓은 테뫼식 산성이다. 둘레는 약 1,350m, 높이는 3~4m 정도이다. 〈삼국사기〉에 따르면 "8월에 가림성성흥산, 가림은 임천의 옛 이름을 쌓고 위사좌평 백가에게 지키게 하였다."라는 기록이 나온다. 이 기록 덕분에 백제 성곽 중 유일하게 쌓은 연대와 위치, 지명을 알 수 있게 되었다. 이곳은 백제 부흥 운동군의 거점이기도 하였다. 그런데 요즘엔 역사적 배경보다 SNS 핫스폿으로 꼽혀 많은 여행자가 찾고 있다. 성흥산성 주차장에서 약 200m 정도만 올라가면 산성이 보이고 산성 위로 수령 400년 된 느티나무의 위용이 드러난다. 신기하게도 나뭇가지 하나가 오묘한 모양으로 휘어져 하트 반쪽 모양을 이루고 있다. 그래서 일명 사랑 나무로 불린다. 여행자들은 느티나무 하트 아래에서 그림 같은 인증 샷을 찍느라 바쁘다. 일몰 시간대에 사진 찍으려면 줄을 서야 할 수도 있다. 성흥산 남쪽 중턱에 있는 천년 고찰 대조사도 함께 둘러보자. 대조사 부여군 임천면 성흥로197번길 112 041-833-2510

Sightseeing
금사리성당

부여군 구룡면 성충로1342번길 21   041-832-5355   버스 99, 108, 108-1, 120, 121, 122

부여 지역 최초의 성당

부여 시내에서 서남쪽으로 13km 남짓 거리에 있다. 성당 입구에 들어서면 건물 세 개가 눈에 들어온다. 정면의 벽돌 건물이 옛 본당이고, 오른쪽의 콘크리트 건물이 새 본당이다. 그리고 왼쪽 건물이 대건의 집과 사제관이다. 금사리 성당은 1901년 공주본당에서 분리되어 세워진 부여 최초의 성당이다. 설립 당시 초대 주임신부로 공베르 신부가 부임했다. 그는 한옥을 매입하여 사랑채를 임시 성당으로 사용하다가, 같은 해 5월에 본당 건축을 시작하여 1906년 완공하였다. 이것이 옛 본당 건물이다. 옛 본당 건물은 충남, 대전 지역에서 가장 오래된 성당 건물로 목조 한옥건축과 서양식 벽돌 건축이 혼합된 양식이다. 외벽 아랫부분은 회색 벽돌을, 윗부분은 붉은 벽돌을 사용하였다. 건물은 전체적으로 아담하면서 회색 벽돌과 붉은 벽돌이 빚어내는 미려함이 남아있다. 창문은 모두 반원 아치형이며, 종탑과 제의에는 캐노피가 설치되어 있다. 내부는 당시의 풍습에 따라 남녀 신자 석을 구분한 2랑 식으로 구성되어 있다. 지금은 사용하지 않고 있으며, 예배는 신 본당에서 진행한다.

📷 Sightseeing

무량사

📍 부여군 외산면 무량로 203 📞 041-836-5066 ₩ 입장료 1,000원~3,000원 🚌 버스 129

숲길, 마당, 극락전 그리고 김시습

무량 마을은 유명한 절이 있는 동네지만 한가하고 조용하다. 마을의 식당 몇 개를 지나면 '만수산 무량사'라고 새긴 색바랜 현판을 단 일주문이 여행자를 반긴다. 일주문에서 무량사 경내로 들어서는 문인 천왕문까지는 2~3분 정도 걸어야 한다. 천왕문으로 들어가는 길은 속리산 5리 숲길이나 내소사 전나무숲길 못지않게 아름답다. 천왕문에 다다르면 문 너머 네모난 프레임 안으로 등 굽은 소나무와 석등, 5층 석탑보물 185호 그리고 극락전보물 356호이 한 폭의 그림처럼 펼쳐진다. 문 안에는 이윽고 지평선 같은 마당이 아득하게 펼쳐져 있다. 무량사 극락전은 2층 전각으로 내부는 1, 2층 구분이 없는 통층이며, 안에는 소조아미타여래삼존좌상보물 1565호이 안치되어 있다. 규모가 크지만 무거워 보이지 않고, 차분하면서도 가볍지 않은 상승감이 느껴진다. 극락전 왼쪽엔 김시습1435~1493의 영정보물 1497호이 있는 영정각이 있다. 그는 천재였으나 왕위를 찬탈한 세조의 권력욕을 보고 방랑을 거듭하다 무량사에서 생을 마감했다. 가까운 곳에 김시습 시비와 부도가 있다. 함께 둘러보자.

RESTAURANT·CAFE & STAY
부여 **맛집·카페·숙소**

 Restaurant

백제의 집

부여군 부여읍 성왕로 248   041-834-1212   11:00~21:00
12,000원, 감자탕 25,000원~40,000원   **주차** 길 건너편 부소산성 주차장

감미롭고 향긋한 연잎밥

부소산성 주차장 길 건너편에 있다. 의자식 테이블도 있고, 좌식 테이블도 있어 좌석을 취향대로 고를 수 있다. 주요 메뉴는 연잎밥과 감자탕이지만, 주로 연잎밥을 주문한다. 연잎과 연근을 주재료로 하여 전통음식을 현대화한 맛집으로 부여군에서 향토음식점으로 지정했다. 연잎밥을 주문하면 13가지 기본 반찬이 나온다. 간이 적당하여 담백하다. 연잎밥은 연잎에 싸인 찹쌀밥 위에 잣과 단호박이 올려져 있어 달콤하고 찰지다. 밥에 연잎 냄새가 은은하게 배어있어 향이 감미롭다. 연잎밥 외에 삼계탕과 국내산 생돈을 삶아서 만든 감자탕, 불고기쌈밥, 주물럭쌈밥 등을 판매한다. 연잎밥은 1인분부터 주문할 수 있지만, 감자탕과 삼계탕 등은 2인분부터 주문할 수 있다.

Restaurant
서동한우

- 부여군 부여읍 성왕로 256
- 041-835-7585
- 11:00~22:00
- 12,000~40,000원
- 주차 부소산성 주차장 이용

숙성 고기라 육질과 감칠맛이 특별하다

부소산성 주차장 건너편에 있다. 백제의 집에서 동쪽으로 60m 거리다. 약 180석의 좌석을 갖추고 있으며, 탁자 간 거리가 넓어 좋다. 이 집이 유명한 이유는 독특한 고기 숙성방법 때문이다. 국내 최초로 건조 숙성기법을 개발하였는데, 이 방법으로 고기를 숙성시키면 풍미가 강해지고 아미노산이 생성되어 감칠맛이 나고 육질이 부드럽다. 참숯을 사용하여 고기를 구우며, 숯불의 세기를 조절할 수 있는 손잡이가 있어 취향에 맞게 구울 수 있다. 육즙과 향이 풍부하고, 느끼하지 않아 즐겁게 먹을 수 있다.

Restaurant
본가석갈비

- 부여군 부여읍 성왕로 284-1
- 041-837-4979
- 11:00~22:00
- 10,000원~15,000원
- 주차 가능

돌판 위의 갈비구이

서동한우 본점에서 동쪽으로 300m 떨어져 있다. 부소산성 남쪽 성왕로에 있어 찾기 쉽다. 주차장도 잘 갖춰져 있다. 1km 이내에 부소산성, 정림사지, 국립부여박물관이 있어, 시내 관광 후 들르기 좋다. 인기 메뉴는 석갈비와 갈비탕이다. 돌판에 굽는 석갈비가 주메뉴인데, 손님들은 돌솥밥이나 냉면을 함께 주문한다. 석갈비를 주문하면 돌판 위에 양파를 깔고 구운 갈비를 얹은 다음 고명으로 팽이버섯을 올려 내온다. 돌판에 뜨거운 열기가 살아 있어 바로 구워 먹는 것처럼 맛있다.

 Restaurant
구드래돌쌈밥

◎ 부여군 부여읍 나루터로 31　📞 041-836-9259　🕐 11:00~21:00
₩ 18,000원~25,000원　ⓘ 주차 길 건너편 관북리 유적주차장 이용

추억의 포스터 보며 돌쌈밥 즐기기

부소산성 서쪽 굿뜨래 음식특화거리에 있다. 구드래조각공원으로 가는 입구이다. 가게 바로 앞 건너편에 관북리 유적주차장이 있어서 주차하기 편리하다. 식당 내부에 들어서면 다소 산만하다는 느낌이 든다. 왜 그럴까 싶어 주변을 돌아보며 자리에 앉으면 그때서야 추억의 장식 소품들이 보이기 시작한다. 오래된 국내와 해외 영화 포스터, 흑백사진, 석유등, 갖가지 골동품, 여기에 직접 담근 술병까지 곳곳에 자리를 잡고 있다. 구드래돌쌈밥은 돌솥밥과 고기를 채소 쌈에 싸 먹는 '돌쌈밥'을 최초로 개발한 집이다. 그에 걸맞게 주물럭, 불고기, 편육 등 메뉴가 다양하다. 손님들은 주로 주물럭을 주문한다. 음식을 주문하면 아삭한 고추된장무침과 된장찌개 등 기본 반찬이 15가지 정도가 나온다. 단호박과 검은콩이 들어간 고슬고슬한 돌솥밥, 고기, 채소가 하모니를 이루어 먹는 내내 즐겁다.

🍴 Restaurant
나루터식당

📍 부여군 부여읍 나루터로 37
📞 041-835-3155
🕐 11:00~21:00
₩ 18,000원~35,000원
ℹ️ 주차 가능

45년 된 장어구이 전문점

부소산성 서쪽 굿뜨래 음식특화거리에 있다. 구드래조각공원에서 가깝다. 3대에 걸쳐 45년 동안 장어를 구워온 전통의 장어구이 맛집이다. 방송에 소개되기도 하였고, 음식 경연대회에서 수상한 경력도 가지고 있다. 일본 간사이 지방의 장어구이 양념으로 요리하는데, 맛이 풍부하고 향이 좋다. 장어는 조리사가 직접 조리하여 최적의 상태로 익혀 나온다. 양념의 색깔이 입맛을 돋우어 주며, 매혹적인 달콤함이 입맛을 사로잡는다. 기본 반찬은 대체로 담백하다. 특히 세련된 겉절이가 맛이 일품이다. 매운탕도 판매한다.

🍴 Restaurant
장원막국수

📍 부여군 부여읍 나루터로62번길 20
📞 041-835-6561
🕐 11:00~17:00
₩ 7,000원~19,000원
ℹ️ 주차 구드래 공영주차장, 구드래나루터 공영주차장

입맛 사로잡는 마법의 육수

구드래조각공원과 구드래나루터 선착장 부근에 있다. 시골 할머니 댁 같은 외관이지만, 주말 낮에는 보통 30분 이상 기다려야 한다. 메뉴는 막국수와 편육 단 두 종류뿐이고, 반찬은 배추김치와 깍두기가 전부다. 비빔 막국수도 없다. 오로지 국물이 있는 차가운 막국수뿐이다. 면은 소면처럼 얇고 미끈하다. 막국수 위에 양념장과 오이가 올려져 있고, 국물엔 참깨와 김 가루가 떠 있다. 음식은 단출하지만, 국물을 맛보는 순간 선입견과 편견이 한꺼번에 깨어진다. 달콤한 듯 깔끔하고 부드러운 듯 시원한 국물은 그야말로 마법의 맛이다.

 Restaurant
돌식당

- 부여군 부여읍 중앙로5번길 14-5
- 041-835-3389
- 11:00~23:00
- 1만 원~1만2천 원
- 주차 중앙시장 공영주차장

곱돌 백반으로 유명한 식당

중앙시장에 있는 부여농협 뒤쪽에 있다. 시장 주차장을 이용하거나, 인근 공영주차장에 주차하고 걸어가는 게 편리하다. 곱돌 백반으로 유명한 식당인데, 곱돌은 각섬석이라는 돌로 만든 냄비의 일종으로 음식물의 영양소 파괴를 최소화하고 맛을 높여준다. 주문을 하면 6가지 반찬이 나오고, 곧이어 돼지고기 찌개를 담은 곱돌이 나온다. 찌개는 살짝 매운맛이 돌면서 짭짤하지만, 짧게 머물다 사라지기에 계속 먹어도 부담이 없다. 찌개 건더기를 대충 먹고 나면 비빔밥을 먹을 차례다. 비빔밥은 어떤 수식어를 붙여도 될 만큼 매우 맛있다.

Restaurant
시골통닭

- 부여군 부여읍 중앙로5번길 14-9
- 041-835-3522
- 10:00~23:00
- 7,000원~17,000원
- 주차 중앙시장 공영주차장

프랜차이즈 치킨은 잊어라

돌식당과 작은 집 하나를 사이에 두고 있다. 실내 분위기가 가정집처럼 소박하고 친근하다. 튀긴 통닭으로 유명한데, 삼계탕과 닭개장도 인기 메뉴이다. 통닭을 주문하면 닭 한 마리를 통째로 튀겨 내온다. 고기는 연하고 부드럽다. 제대로 튀겨서 바삭바삭 소리조차 맛있다. 프랜차이즈 통닭과는 또 다른 맛이다. 식은 후에 먹어도 갓 튀겼을 때와 맛 차이가 거의 없다. 통닭에도 기본 반찬이 몇 가지 나온다. 그중 쫄깃한 닭 모래집과 찰밥, 떡국이 조금 들어간 국물이 일품이다. 달큼한 듯 담백해 입안을 개운하게 해준다.

 Restaurant

삼호식당

부여군 외산면 무량로 190 041-836-5038 09:00~17:30
₩ 9,000원~30,000원 주차 바로 앞 주차장

정갈한 산나물비빔밥과 버섯전골

무량사 주차장 입구에 있는 작은 식당이다. 나이 지긋하신 부부가 운영하는데, 넓지 않은 실내에 4인용 식탁 7개가 효율적으로 놓여있다. 우렁된장찌개가 포함된 산나물비빔밥과 버섯전골이 대표 메뉴이다. 손님들은 대부분 산나물비빔밥을 주문한다. 음식을 시키면 정갈한 밑반찬이 10여 가지 나온다. 뒤이어 공깃밥과 우렁된장찌개가 나온다. 이 집은 산나물비빔밥만큼이나 밑반찬이 눈길을 끈다. 묵말랭이, 묵무침, 죽순 무침, 인삼 무침……. 흔히 맛볼 수 없는 음식이 많이 나오는데, 특히 묵말랭이는 고들고들하고 쫄깃해 먹는 맛이 특별하다, 전라도에서 온 죽순을 익혀 만든 무침도 맛이 좋다. 우렁이를 많이 넣은 된장찌개는 맛이 시원하고 깔끔하다. 김치는 부드럽고 아삭하다. 밑반찬이 산나물비빔밥의 평범함을 날려버린다.

 Cafe

사바랭

◎ 부여군 부여읍 서동로 85 ☏ 041-834-1026 ⓒ 12:00~21:00
₩ 4,000원~6,500원 ⓘ 주차 서동공원 공영주차장

달콤한 디저트가 그리울 땐

서동공원 공영주차장에서 대각선 방향 건너편 길모퉁이에 있다. 건물 외부를 목조로 꾸며 카페 분위기를 냈다. 내부는 정사각형에 가깝다. 오른쪽 주방 앞과 출입문 맞은편에 디저트가 진열돼 있다. 레몬 머랭 타르트를 비롯하여 약 10여 가지 디저트를 판매하고 있다. 인기 메뉴는 레몬 머랭 타르트와 과나하 다크무스이다. 보기에 너무 예뻐서 손을 대기가 망설여질 정도이다. 둘 다 너무 달지 않아 좋다. 아이스크림처럼 감촉이 부드러워 입에 넣으면 살살 녹는다. 인기가 워낙 좋아 일찍 동나기도 하는데, 그래서 이들 두 종류 디저트는 1인당 2개까지만 구매할 수 있다. 궁남지를 구경하고 난 후 여독을 풀 겸 들르기 좋다. 달콤한 디저트가 여행의 피로를 말끔히 씻어줄 것이다. 궁남지 야경을 구경하기 위해 이곳에서 해가 지길 기다리는 손님도 많다.

Cafe
at 267

- 부여군 부여읍 서동로 56
- 041-835-0267
- 09:30~23:00
- 4,000원~7,000원
- 주차 궁남지 무료 주차장, 궁남지 서문 주차장

궁남지 뷰 카페

궁남지 입구에 있는 아담한 카페이다. 2층 가정집의 아래층을 개조하여 만들었다. 마당이 아기자기하다. 실내에 들어서면 널찍한 유리창으로 마당이 한눈에 들어온다. 카페 뒷문 밖은 테라스가 있는데, 연꽃과 버드나무가 어우러진 서동공원, 궁남지와 연결되어 있어 더욱 아름답다. 카페 이름 267은 '2 Blessed Hearts, 6 Minutes, Falling In Love, 7 Days, Always Want To See'에서 나온 의미로 두 개의 축복받은 심장이 6분 만에 사랑에 빠져 연인이 된다는 뜻이다.

Cafe
G340

- 부여군 부여읍 계백로 340
- 041-834-5544
- 11:00~19:00(매주 월~수 휴무)
- 4,000원~6,000원
- 주차 석탑로 노상주차장, 국립부여박물관 주차장

양곡 창고에 들어선 감성 카페

국립부여박물관과 정림사지가 가까운 거리에 있어 관람한 후 쉬어가기 좋은 카페이다. 돌담 안에 비스듬히 서 있는 오래된 양곡 창고 건물을 카페로 만들었다. 입구에 문인석이 서 있어 독특한 느낌이 든다. 녹색 문을 열고 안으로 들어가면 새로운 세상이 펼쳐진다. 연회장처럼 넓고 라운지처럼 깔끔하다. 높다란 천장, 화려한 샹들리에에 더해 예쁘고 앙증맞은 소품이 가득하다. 장식용 항아리 소품과 병풍도 찾아볼 수 있는데, 복잡한 느낌이 들지 않고 단정해 보인다. 갤러리 같은 느낌도 든다. 브런치를 먹으며 가만히 앉아만 있어도 즐거워진다.

Cafe
카페 하품

◎ 부여군 부여읍 나루터로 66 ☎ 041-835-3324 ⏰ 10:00~23:00
₩ 4,000원~6,000원 ⓘ 주차 구드래 공영주차장

힐링하기 좋은 한옥 카페

구드래조각공원 북동쪽 길 건너 작은 언덕에 있다. 부소산성 서문에서 불과 30m 거리이다. 본채와 별채가 어우러진 ㄷ자형 한옥을 개조해 카페로 만들었다. 장원막국수와도 가까워 식사 후 커피 마시며 잠시 쉬어가기 좋다. 입구에 나무 데크를 깔고 화초도 심어 운치가 넘친다. 본채와 별채 사이에 정갈한 마당이 있고, 마당에도 세련된 검정 철제 테이블을 놓았다. 마당 중앙에는 오래된 단풍나무가 풍성한 가지를 늘어뜨리고 있다. 맑은 날엔 야외 테이블에 앉아 마음 맞는 친구와 소곤소곤 이야기 나누어도 좋겠다. 실내는 서까래와 대들보가 드러나 천장이 높아 보인다. 벽에는 그림이 걸려 있고, 곳곳에 조각작품도 전시해 놓아 예술적 감성을 느끼기 좋다. 커피 외에 차와 맥주도 판매한다.

☕ Cafe
백제향

📍 부여군 부여읍 사비로30번길 17
📞 041-837-0110, 041-836-8729
🕙 10:00~22:00
₩ 3,000원~13,000원
ℹ️ 주차 계백로터리 노상공영주차장

연꽃 빵과 연꽃차

정림사지와 궁남지 사이 궁남로에 있다. 궁남사거리에서 가깝다. 카페 안에 우물이 있어 신기하다. 실제로 사용하는 우물이라니 더욱 놀랍다. 원래 연잎밥을 전문으로 하는 식당이었으나 지금은 연꽃 빵과 연꽃차 전문 카페로 변신했다. 연꽃 빵은 직접 만들어 판매한다. 전통 카페지만 앙증맞고 예쁜 소품으로 장식하여 발랄한 분위기를 풍긴다. 촉촉한 연꽃 빵 안에는 팥앙금이 들어있는데 너무 달지 않아 매력적이다. 주인이 직접 딴 연꽃으로 만든 연꽃차에는 연꽃 한 송이가 온전히 들어있어 보는 것만으로도 우아한 향이 느껴지는 듯하다.

☕ Cafe
Q카페

📍 부여군 규암면
  백제문로304번길 59-8
📞 010-2721-9068
🕙 10:00~22:00
  (주말 09:00~22:00)
₩ 4,000원~11,000원
ℹ️ 주차 근처 이면도로

신선하고 향이 살아있는 커피

백제문화단지에서 남서쪽으로 약 1.5km 떨어진 주택가에 있다. 안으로 들어가면 실내 풍경이 한눈에 들어올 만큼 아담하지만 높다란 천장이 시원한 느낌을 준다. 창가와 벽 쪽엔 작은 테이블이, 카페 중앙에는 기다란 탁자를 놓았다. 노출 콘크리트인 벽면과 작고 소박한 소품으로 장식한 천장이 모던한 분위기를 풍긴다. 이 카페 대표는 커피 품질 등급을 정하는 큐 그레이더이다. 로스팅과 커피 내리기를 직접 하는데, 커피가 신선하고 본연의 향이 살아 있다. 한적한 주택가 카페지만 입소문을 타고 커피 애호가들이 많이 찾는다.

 Cafe
합송리 994

◎ 부여군 규암면 흥수로 581-6 ☎ 041-833-6671
⏱ 11:00~18:00 ₩ 5,500원~6,500원 ⓘ 주차 가능

시골 마을의 기와집 카페
부여군 규암리 합송초등학교 동쪽에 있다. 부여 시내에서 서쪽으로 약 6km 거리이다. 한적하고 조용한 시골 마을의 낡은 기와집을 주인 부부가 2년 동안 직접 개조하여 2017년에 멋진 카페로 오픈했다. 부부의 합송리 정착 스토리가 방송에 소개되기도 했다. 대문을 지나 안으로 들어서면 대문 채와 안채 사이에 정갈한 흙 마당이 시선을 끈다. 키 작은 꽃들이 피어나 마당에 운치를 더해준다. 마당 한가운데 놓인 평상도 독특하다. 평상 위에는 멋진 테이블이 아닌 동그란 접이식 양은 밥상이 놓여있다. 나이 든 사람이라면 어린 시절이 떠올라 은근히 미소를 짓게 될 것이다. 마당 위에 흰 천과 노란 천으로 그늘막을 만들어 놓았는데, 제법 운치가 넘친다. 본채 안으로 들어가면 기와집의 정취가 물씬 느껴진다. 흰 벽과 나무의 색 대비가 매력적이다. 커피를 마시며 오래 머물고 싶어진다. 금사리성당을 오고 가며 들르기 좋다.

Stay
롯데리조트부여

부여군 규암면 백제문로 400
041-999-1000
12만 원~36만 원

아웃렛에서 골프장까지

백제문화단지 남쪽에 있다. 골프장 등 다양한 시설이 어우러진 종합 휴양시설이다. 호텔급 콘도미니엄을 표방하고 있으며, 부지만 약 100만 평에 이른다. 지상 10층 건물에 322개의 객실을 갖추고 있다. 실내는 깔끔하고 인테리어로 세련미를 더해 현대적 감각이 돋보인다. 물놀이장 아쿠아가든이 있어서 리조트 안에서 충분한 휴식을 취하며 즐거움을 만끽하기 좋다. 연회장, 세미나실, 레스토랑, 키즈클럽 등 다양한 부대시설을 갖추고 있다. 아웃렛이 바로 옆이라 쇼핑을 즐기기도 좋으며, 리조트 북쪽은 골프장이다.

Stay
만수산 자연휴양림

부여군 외산면 휴양로 107
041-832-6561
6만 원~25만 원

아름다운 자연 속에서 하룻밤

만수산575m은 부여 시내에서 북서쪽으로 약 25km 거리에 있다. 노송과 천연림이 조화를 이룬 명산으로, 산세가 아름답다. 산 남쪽에 무량사를 품고 있다. 만수산 자연휴양림은 1982년에 개장했다. 앞에는 계곡이 흐르고 만수산을 뒤로하고 있는 배산임수 지형에 자리 잡았다. 입구에 들어서면 야생화공원이 나오고 공원 왼쪽의 산자락 아래로 다양한 숙박시설이 자리하고 있다. 야영장, 산림문화휴양관 등도 있고, 물놀이장 두 곳은 여름에만 운영한다. 자연휴양림 주변에 순환형의 등산로가 있다. 가벼운 산행을 즐기기 좋다.

 Stay
부여전통한옥펜션

◎ 부여군 부여읍 정동로83번길 521   ☎ 041-834-3669
₩ 8만 원~26만 원   홈페이지 http://전통한옥.com

여유로움을 즐기기 좋은 곳

부여 시내에서 북쪽으로 약 5km 거리에 있다. 시내를 벗어나 들판과 자연이 어우러진 전원의 정취를 만끽하고 있으면 외갓집에 가는 느낌이 든다. 바쁜 마음을 내려놓고 여유로움을 즐기기 좋은 곳이다. 전통 한옥의 아름다움은 그대로 유지하면서 현대적 편리성을 갖추어 숙박하기 불편하지 않다. 대문을 들어서면 넓은 마당이 먼저 반겨준다. 이어 안정감 있게 자리 잡은 멋진 안채가 눈에 들어온다. 안채 앞 좌우에 사랑채와 별채가 서 있다. 널찍한 마당을 가운데 두고 집들이 서로 바라보고 있는 모양새이다. 사랑채의 기다란 마루에 앉으면 즐거운 얘기가 저절로 쏟아진다. 건물이 모두 5개인데, 건물마다 특색이 있어 취향에 맞는 객실을 선택할 수 있다. 특히 안채와 별채는 툇마루를 갖춘 30여 평의 넓은 방이다. 단체 여행객이 사용하기 적당하다. 나머지 방들도 넓은 편이어서 4명~8명까지 이용할 수 있다.

Part 6
김해

여행 지도 | 김해 미리 알기 | 버킷리스트
핫스폿 | 맛집·카페 | 호텔·펜션·한옥 펜션

김해 미리 알기

가야왕국의 숨결이 흐른다

김해는 부산과 창원 사이에 있다. 인구 50만이 넘는 큰 고도이지만,
경주나 공주와 달리 조금 신비롭고 미스테리한 도시이다.
가야왕국의 수도, 철 갑옷을 입은 무사의 기상이 흐르는 도시,
인도 출신 가야 왕비가 잠자는 김해로 시간 여행을 떠나자.

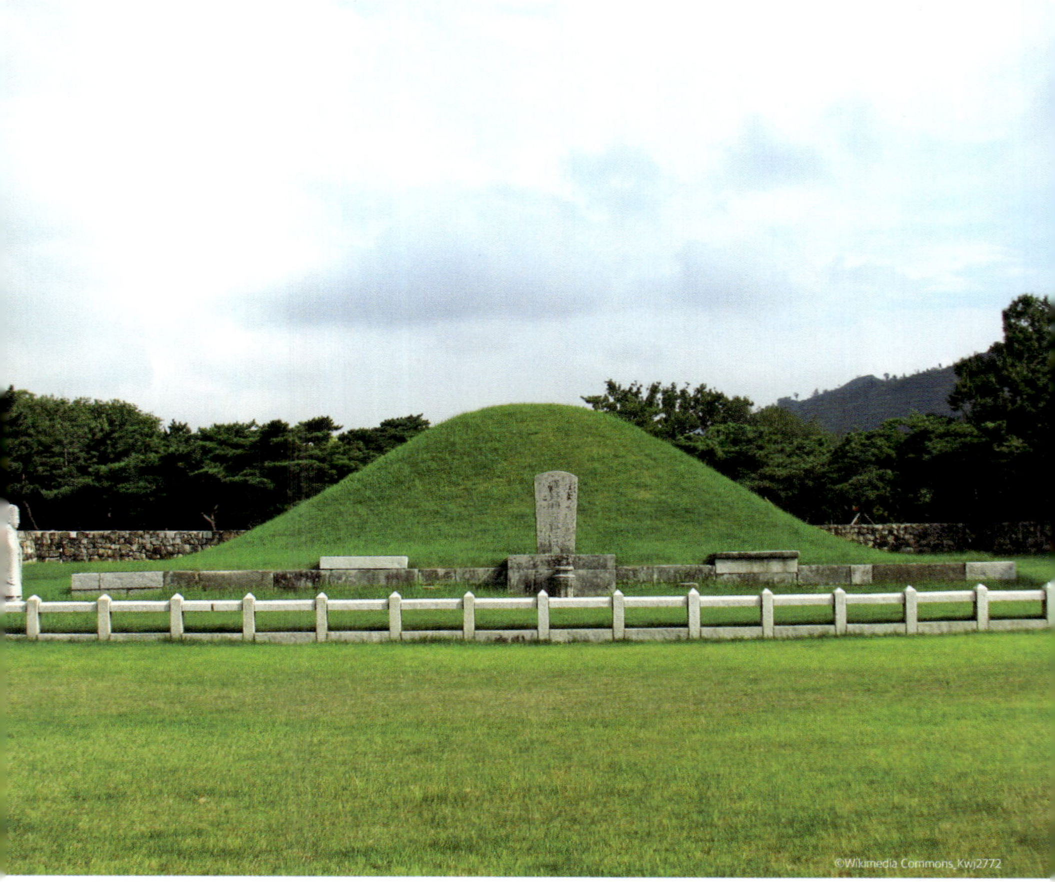

"너희에게 왕을 내려보낸다."

김해는 역사의 첫 기록부터 신비롭고 미스터리하다. 약 2000년 전, 서기 42년 3월 어느 날이었다. 김해를 9개 촌락으로 나눠 다스린 촌장들9간, 九干이 "너희에게 왕을 내려보낸다."라는 계시를 들었다. 촌장들은 백성들과 더불어 구지봉에 올라 제사를 지내고 춤을 추며 〈구지가〉라는 노래를 불렀다. 그러자 하늘에서 빛이 나더니 붉은 보자기에 싸인 금빛 상자가 내려왔다. 상자 안에는 황금알 여섯 개가 있었다. 9간 중 하나인 아도간이 금빛 상자를 가지고 가서 고이 모셨다. 12시간 지나자 사내아이 여섯 명이 차례로 알에서 태어났다. 그 가운데 키가 제일 크고 가장 먼저 알에서 나온 아이를 6가야 중 가락국의 왕으로 추대했다. 그의 이름은 수로, 성은 김 씨였다. 알에 나온 다른 아이들도 또 다른 가야의 왕이 되었다. 가락국의 다른 이름은 금관가야이다. 김해는 490년 동안 금관가야의 수도였다. 금관가야는 6가야의 맹주로 활동하였으며, 한때는 신라보다 더 강성했고, 해상 무역을 통해 왜와도 교류했다. 하지만 532년 구형왕이 신라에 항복하면서 김해의 500년 영광도 막을 내린다. 구형왕구해왕은 김유신 장군의 증조할아버지이다.

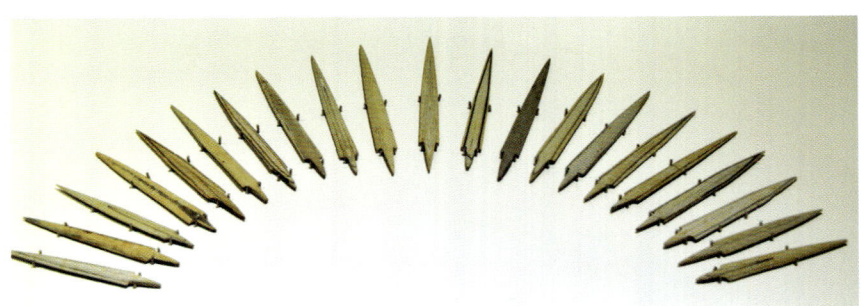

김해는 김수로왕의 도시다

김해는 신라의 경주, 조선의 한양 다음으로 오랫동안 한 나라의 도읍이었다. 평양이 241년, 부여가 122년, 공주가 64년간 고구려와 백제의 수도였던 것에 비교하면 무척 오랜 기간이었다. 엄연하게 우리의 역사이면서도 가야가 떳떳한 대접을 받지 못한 것처럼 김해도 경주나 공주, 부여와 달리 늘 서자 취급을 받았다. 유적과 유물이 신라나 백제보다 부족해서 그럴 테지만, 역사에서 가장 먼저 사라진 패자에 대한 무관심도 한몫했을 터이다. 신라나 백제처럼 독립 국가를 이루지 못하고 여섯 개 소국이 연맹체를 이룬 점도 크게 작용했을 것이다. 그래도 다행인 건 다른 가야의 수도였던 고령, 함안, 고성, 성주, 진주에 비하면 고도의 면모가 곳곳에 남아있다. 김해는 김수로왕의 도시다. 김수로왕은 가락국의 시조이면서 김해 김씨의 시조다. 현재 우리나라에는 약 5,500여 개에 달하는 성씨가 있는데 그 중 김해 김씨가 가장 많은 450만 명이다. 김해시 서상동에 그의 능이 있다.

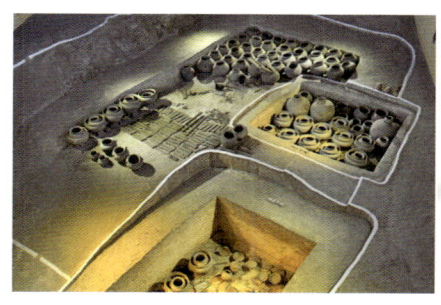 

©김해국립박물관

2000년 전의 국제결혼

수로왕의 부인은 허황옥이다. 아마도 그녀는, 우리나라 최초의 외국인 왕비일 것이다. 놀랍게도 수로왕은 벌써 2,000여 년 전에 국제결혼을 했다. 허황옥은 인도 아유타국의 공주라고 전해지고 있다. 수로왕이 황금알로 내려온 구지봉 옆에 수로왕비릉이 있다. 능 옆에는 그녀가 인도에서 올 때 풍랑을 가라앉히기 위해 배에 싣고 왔다는 파사석탑이 있다. 김해 김씨와 김해 허씨의 후손들은 지금도 음력 3월

과 9월, 1년에 두 차례씩 김해에 모여 가락국 시조인 김수로왕을 추모하는 제례를 수로왕릉에서 치르고 있다. 가락국의 궁궐이 어디인지는 알 수 없다. 수로왕릉 남쪽 구릉 봉황대가 가락국의 궁궐터로 전해오고 있지만, 아쉽게도 특별한 유적이나 유물은 나오지 않았다. 가야문화의 우수성을 보여주는 곳 중의 하나가 대성동고분군이다. 이곳에서는 3~5세기에 이르는 왕과 수장급 묘가 대거 발굴되어 우리나라 고대 역사에서 공백으로 남은 4세기 전후의 역사를 풍성하게 해주었다. 뒷동산 같은 구릉에 있는 전시관에서 고분 내부 모습을 볼 수 있다. 고분군 아래에는 가야의 역사와 문화를 이해할 수 있는 대성동고분박물관이 있다. 건너편에 있는 국립김해박물관에 가면 가야왕국의 면모를 온전히 만날 수 있다.

봉하마을과 노무현 대통령

김해에는 고대 역사뿐만 아니라 현대적인 감각이 돋보이는 명소도 많다. 5,000여 개 도자타일로 외벽을 장식한 클레이아크 김해미술관을 비롯하여 김해의 분청 도자기 이야기를 들려주는 김해분청도자관, 그리고 낮보다 밤이 아름다운 김해천문대와 연인 또는 부부가 맛있는 데이트를 즐길 수 있는 장유의 율하 카페 거리 등이 있다. 또 하나 빠뜨릴 수 없는 곳이, 봉하마을이다. 국민의 대통령으로 많은 사람의 가슴에 남아있는 노무현 전 대통령의 생가와 묘지가 있다. 김수로왕이 과거 김해의 주인이라면, 노무현 대통령과 봉하마을은 현재의 김해를 대표하는 브랜드이다.

신비한 고대 왕국 김해는 이제 점차 자신의 모습을 드러내고 있다. 해반천변의 가야 거리는 김해의 기상을 보여준다. 철기시대 갑옷을 입은 가야 무사들의 강인한 모습은 사람들이 기대하는 김해의 미래일 터이다. 가야왕국의 숨결은 그렇게 김해 사람들 가슴에서 다시 살아나고 있다.

김해 버킷리스트

MUST GO

01 그곳엔 봉하마을이 있다
손녀를 자전거에 태우고 평온한 들녘을 달리던 모습이 아지랑이처럼 떠오른다. 고인돌을 닮은 간결한 묘, 그리고 1만5천여 명의 그리움이 박석얇고 넓은 돌으로 누워있는 곳. 봉수대 아래 있는 마을이라고 하여 봉하마을로 불리는 곳. 퇴임 전도 아름다웠지만, 퇴임 후에 더 아름다웠던 사람. 그곳에 가면 시대를 앞서간 노무현 대통령을 만날 수 있다.

02 수로왕릉과 수로왕비릉, 국제결혼 부부 잠들다
김해는 김수로왕의 도시다. 김수로왕은 가락국의 시조이면서 김해 김씨의 시조다. 그의 부인 허황옥은 인도 아유타국의 공주라 전해진다. 놀랍게도 두 사람은 2,000여 년 전에 국제결혼을 했다. 허황옥은 김해 허씨의 시조이다. 김해 김씨와 김해 허씨 후손들은 지금도 음력 3월과 9월, 1년에 두 차례 왕과 왕비를 추모하는 제례를 수로왕릉에서 지낸다.

03 봉황대 유적, 가야왕국의 속살 엿보기
가락국의 궁궐이 어디인지는 알 수 없다. 수로왕릉 남쪽 구릉 봉황대가 가락국의 궁궐터라 전해지고 있다. 금관가야 최대의 생활유적지로 3~6세기 가야 사람들의 생활상을 엿볼 수 있다. 가야 시대의 고상 가옥, 망루, 배 등을 복원하여 전시하고 있다. 유적지에서 서쪽으로 10m 거리에 기원전부터 4세기까지 형성된 조개무지가 있다.

04 대성동 고분군, 왕릉급 무덤 세상에 나오다
대성동 고분군은 가야문화의 우수성을 보여주는 곳이다. 이곳에서는 4~6세기의 왕과 수장급 묘가 대거 발굴되었다. 북방계 유목민 유물인 동복청동 솥과 일본에만 있다고 전해지던 파형동기소용돌이 모양의 청동기 장식 등 많은 유물이 나왔다. 동복과 파형동기는 가야가 경남 동남부에 머물지 않고 북방은 물론 일본과도 교류하였음을 보여준다.

05 클레이아크 김해미술관, 건물이 작품 같다

미술관 건물이 그림 같다. 클레이아크란 흙Clay과 건축Architecture을 합친 말로, 건축 도자 전문 미술관이다. 정문으로 들어서면 알록달록 둥근 타일 건물이 눈에 띈다. 외벽에 도자 타일 5,036장으로 장식해 예술미가 넘친다. 내부도 예술적이다. 많은 것을 보여주려고 하기보다는 공간 자체를 예술로 승화시켜 더 인상적이다.

06 김해를 한눈에 담다, 김해천문대

김해 중심부의 분성산382m 정상에 있다. 별 보러 떠나는 여행지이지만, 천문대로 올라가는 길은 산책이나 데이트하기에 딱 좋은 길이다. 완만한 오르막길이지만 중간중간 별과 관련된 이야기를 읽으며 오를 수 있다. 고배율 망원경으로 밤하늘을 관찰할 수 있어서 자녀와 방문하기 좋다. 해 질 녘의 붉은 노을은 천문대가 덤으로 주는 선물이다.

MUST EAT

01 닭발, 뒷고기, 장어…… 김해의 명물 음식 즐기기

닭발은 뒷고기와 더불어 김해의 명물 음식이다. 양념 닭발을 연탄불에 구워내 매콤하면서도 쫄깃하다. 뒷고기는 볼살, 눈살, 혀, 항정살 등 돼지의 자투리 고기를 말한다. 닭발과 더불어 김해의 별미이다. 든든하게 먹고 싶을 땐 불암동의 장어촌으로 가야 한다. 낙동강 경치를 감상하며 멋진 식사를 할 수 있다. 화포천의 메기국과 진영의 소갈비도 기억하자.

02 카페의 천국, 장유의 율하 카페거리

김해 남서쪽 장유면 율하신도시에 있다. 관동유적 체육공원과 율하유적공원 사이 주택단지 주변에 형성된 카페거리이다. 김해뿐만 아니라 부산, 창원, 거제 등에서도 나들이로 많은 사람이 찾아온다. 그야말로 젊은이들의 핫스폿이다. 특히 봄에는 율하천을 따라 벚꽃이 꽃 대궐을 이룬다. 살랑살랑 꽃비 맞으며 낭만을 즐기기 좋다.

SIGHTSEEING
김해 **명소**

Sightseeing
봉하마을

📍 **봉하마을** 김해시 진영읍 봉하로 103-1 생가 김해시 진영읍 봉하로 129
　　묘역 김해시 진영읍 본산리 19-4 📞 055-346-0660
🚌 버스 10, 57, 57A, 300 🌐 https://www.knowhow.or.kr/

그곳엔 노무현 대통령이 있다

김해시에서 북서쪽으로 25km 거리에 있다. 봉화산의 봉수대 아래 있는 마을이라고 하여 봉하마을이라 불린다. 노무현 대통령이 태어나고 성장한 곳이다. 그가 퇴임 후 귀향하여 농사를 지으며 평범한 시민으로 살면서 마을까지 유명해졌다. 노 대통령 생가, 묘지, 권양숙 여사가 사는 사저, 추모의 집 등을 둘러볼 수 있다. 봉하마을에 들어서면 태양 아래 빛나는 봉하 들판이 먼저 눈에 들어온다. 봉화산이 마을을 감싸듯 아늑하게 둘러서 있고, 화포천은 봉하 들판 끄트머리를 휘돌아 흘러간다. 생가는 노 대통령이 태어나서 8살 때까지 산 집을 복원해 놓았다. 생가 뒤편에 사저가 있고, 맞은 편에 추모의 집이 있다. 추모의 집에는 그의 일대기와 유품이 전시돼있으며, 노 대통령의 철학과 가치관이 담긴 글과 사진도 만날 수 있다. 국가보존묘지 제1호로 지정된 묘역은 사자바위와 부엉이바위가 보이는 곳에 있다-. 약 1천 평 규모이다. 묘 둘레로 시민의 자발적 기부로 조성한 가로와 세로 각각 20cm 크기의 박석앏고 넓은 돌 1만 5천 개가 박혀있다. 박석에 새긴 추모의 글이 마음을 울린다.

Sightseeing
김수로왕릉

◎ 김해시 가락로93번길 26　📞 055-332-2305　🚌 대중교통 ①부산-김해 경전철 수로왕릉역 2번 출구에서 동쪽으로 약 740m ②버스 3-1, 8, 21, 30, 35, 44, 97, 98

힐링하기 좋은 시민의 휴식처

김수로왕은 가락국금관가야을 세운 인물로, 김해 김씨의 시조이다. 그의 능은 김해시청에서 북서쪽으로 약 1.5km 거리에 있다. 능이 언제 축조되었는지 정확한 기록은 없으나, 1580년선조 13년 당시 영남 관찰사이자 수로왕의 후손인 김허수가 주도하여 지금의 모습을 갖추어 놓았다. 경내에는 신위를 모신 숭선전을 비롯하여 안향각, 동재, 서재, 비각 등의 부속건물이 있다. 왕릉이지만 시내 중심부의 아름답고 풍성한 숲의 품에 안겨 있어 시민의 휴식처로 사랑받고 있다. 그는 우리 역사에서 최초로 외국 공주 허황옥을 왕비로 맞았다. 2000년 전의 국제결혼이었다.

> **ONE MORE** 김수로왕 탄생 설화, 하늘에서 왕이 내려왔다
>
> 김수로왕의 탄생 설화는 고대국가 특유의 신비성을 강조한 강림 신화이다. 〈삼국유사〉 '가락국기'에 구체적인 내용이 나온다. 아직 나라 이름이 정해지지 않았던 2000년 전, 구간이라 불리는 부족장 아홉 명이 경상도 남부 지역을 나누어 통치하고 있었다. 서기 42년 3월 어느 날, 하늘에서 '왕을 내려보낸다'라는 소리가 들렸다. "거북아, 거북아, 머리를 내놓아라, 내놓지 않는다면 구워서 먹으리." 부족장과 가락국 백성들은 신의 계시에 따라 흙을 파헤치며 노래를 했다. 그러자 하늘에서 자주색 끈이 내려왔다. 끈 끝에는 붉은 보자기로 싼 금빛 상자가 매달려 있었다. 상자 안에는 황금빛 알 여섯 개가 들어있었다. 부족장 중 한 사람인 아도간이 상자를 집에 고이 모셔두었다. 12시간이 지난 뒤 상자를 열었더니 알 여섯 개가 용모가 준수한 동자로 변해있었는데, 이 중 가장 키가 크고 제일 먼저 태어난 사람을 가락국의 왕으로 삼았다. 그가 김수로왕이다.

Sightseeing
김해한옥체험관

📍 김해시 가락로93번길 40　📞 055-322-4735　₩ **숙박** 주중 4만4천 원~10만 원 **식사** 2만 원~9만9천 원
🚌 **대중교통** ①부산-김해 경전철 수로왕릉역 2번 출구에서 약 680m ②버스 1009

한옥 체험하며 힐링하기

김수로 왕릉 바로 서쪽에 담장 하나를 사이에 두고 있다. 조선 시대 사대부 가옥을 재현하여 99칸에 조금 못 미치는 85칸으로 지었다. 안채, 아래채, 사랑채, 별채, 행랑채, 바깥채, 헛간채, 사당 등 7동으로 나뉘어 있다. 안채, 사랑채, 별채 등에 13개의 객실을 보유하고 있다. 한옥 숙박 체험이 가능하고, 한식당도 별도로 운영하고 있다. 안채 및 아래채는 조선 시대 여성들의 중심 거처를 재현한 곳으로 아늑하고 포근한 느낌이 든다. 안채 마루에 앉아 편안한 여유를 즐기기 좋다. 안채 뒤편에는 꽃과 나무가 무성하여 바라만 봐도 힐링이 된다. 남자들의 거처였던 사랑채는 안채와 그 외양이 아주 흡사하여 마치 복사해 놓은듯하다. 하지만 소나무 등이 있어 마당이 넓어 보이고 한옥의 정취가 더욱 깊게 느껴진다. 한옥의 아름다움은 모양새와 섬세한 색채에 있다. 창호지의 은은한 색깔과 격자무늬 창살의 조화, 살짝 날아오를 듯한 처마의 곡선, 그리고 나무 기둥과 검은 기와의 조화가 여행자를 매료시킨다.

Sightseeing
봉황대공원 봉황동 유적

- 김해시 봉황동 253 외　055-330-3589　매일 09:00~18:00(동절기 09:00~17:00)
- ①부산-김해 경전철 봉황역 3번 출구에서 약 500m ②버스 1058, 1059

금관가야 유적지에서 역사 산책 즐기기

김수로왕릉에서 남쪽으로 약 300m 거리에 있다. 가락국의 궁궐이 어디인지는 알 수 없다. 봉황대가 궁궐터라 전해오고 있으나 이를 입증할만한 유적과 유물은 나오지 않았다. 대신 농경지, 토기 가마, 건물지, 토기, 철제 도끼, 칼, 골 촉, 골 침 등이 쏟아져 나왔다. 봉황대 유적은 3~6세기에 대규모 마을이 있었던 곳으로 금관가야의 중심지가 아니었을까 추정하고 있다. 3~6세기 금관가야의 생활상과 문화 수준을 엿볼 수 있는 소중한 유적이다. 유적지에는 가야 시대의 고상 가옥, 망루, 배 등을 복원하여 전시하고 있다. 복원한 배와 가옥은 고분에서 발굴한 건물터와 집 모양 토기를 참고하여 실제에 가깝게 만들었다. 유적지에서 서쪽으로 10m 정도만 걸음을 옮기면 회현리 조개무지와 패총전시관이 나온다. 전시관의 조개무지유물은 기원전부터 4세기까지 형성된 것인데, 세월이 무색하게 상태가 깨끗해 신기하다. 봉황동 유적지엔 산책로가 조성되어 있어 돌아보는 내내 힐링하는 기분이 든다. 조개무지 주변에도 봉황대 공원이 있다. 아이와 함께 역사 공부하며 여유를 즐기기 좋다.

 Sightseeing

대성동고분군

📍 김해시 가야의길 126 📞 055-330-3924
🚍 대중교통 ①부산-김해 경전철 박물관역 2번 출구에서 348m ②버스 2893

시간 여행도 하고, 산책도 즐기고

수로왕릉에서 북서쪽으로 걸어서 8분 거리에 있다. 김해 시내 중심부 해발 22m의 낮은 구릉 지역에 형성된 고분군으로 우리나라 고대사에서 중요한 위치를 차지하는 유적이다. 3~6세기 금관가야의 왕릉급 무덤 2기와 다수의 왕후 묘를 비롯하여 지도 계층 무덤 37기가 모여 있다. 고분 형태가 시기마다 다른 데다가 시기별 다른 유물이 많이 나왔다. 대성동고분군은 3~6세기 고대사를 재구성하는데 귀중한 자료이다. 토기, 항아리, 접시, 철도끼, 청동 솥과 파형동기, 중국제 거울, 조개팔찌 등 다양한 유물들이 발굴되었다. 이 유물 가운데 중국제 거울, 북방계 유목민 유물인 동복청동 솥, 일본계 유물인 파형동기소용돌이 모양의 청동기 장식는 가야의 국제성을 설명해준다. 이 유물들은 대성동고분박물관과 노출박물관에서 직접 확인할 수 있다. 노출박물관에는 대성동 고분을 생생히 복원하여 놓았으며, 대성동고분박물관에서는 가야의 국제성과 금관가야의 찬란한 철기문화의 참모습을 느낄 수 있다. 고분군의 구릉은 고분이 겉으로 드러나지 않아 말 그대로 산책하기 좋은 작은 언덕처럼 보인다.

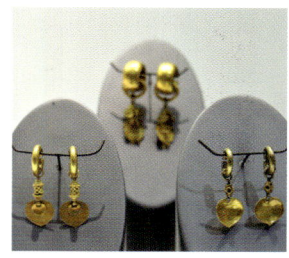  

©김해국립박물관

📷 Sightseeing
국립김해박물관

📍 김해시 가야의길 190 📞 055-320-6800 🕘 평일 09:00~18:00(월요일, 1월 1일, 설날, 추석 휴관)
₩ 관람료 무료(특별 전시 예외) 🚇 ①부산-김해 경전철 박물관역 2번 출구에서 400m ②버스 56, 60, 61

가야인의 생활과 문화를 담다
가야의 문화유산을 모으고 연구하고 전시하기 위해 1998년 7월 구지봉 자락에 개관하였다. 부산 경남 지역의 선사시대 유적과 가야의 문화유산을 전시하고 있다. 다른 고대 국가들과 달리 가야는 역사적 기록이 거의 남아있지 않아 유물이나 유적을 통해 가야사를 복원할 수 있다. 이런 까닭에 국립김해박물관은 발굴 유물이 주를 이루는 고고학 중심의 박물관이다. 박물관은 본관 전시실과 교육관인 가야누리로 구분된다. 본관은 철광석과 숯을 이미지화한 검은색 벽돌을 사용하여 철의 왕국 가야를 상징적으로 표현하였다. 상설전시실과 기획전시실이 있으며, 외부에 야외전시실이 있다. 가야누리에는 테마 전시실이 있다. 박물관에 소장된 유물은 5천여 점이며, 주로 가야인의 생활과 문화를 엿볼 수 있다. 토기를 비롯한 유물은 대부분 둥글둥글하고 부드러운 곡선으로 이루어져 있으며, 청동검이나 삼지창 같은 것도 날카롭거나 무섭지 않고 귀여운 느낌이 든다. 코로나19 방역 기간에는 감염병 확산을 방지 및 예방하기 위하여 사전 예약 후 관람할 수 있다.

📷 Sightseeing

구지봉

📍 김해시 구산동 산 81-2

🚌 대중교통 ①부산-김해 경전철 박물관역 2번 출구에서 약 1km
　　　　　②버스 123, 124, 128-1, 1

6가야 시조의 탄생지

김수로왕을 비롯한 6가야 시조의 탄생 설화가 전해지는 곳이다. 국립김해박물관 바로 동쪽에 있는 높이 200m 정도의 작은 봉우리이다. 국립김해박물관 뒤쪽의 아늑한 산책로 따라 나무와 숲이 어우러진 길을 5분 정도 오르면 구지봉이 나온다. 원형의 정상은 평범하고 비어 있지만, 김수로왕을 맞이하기 위해 백성들이 구지가를 부르며 춤을 추었던 역사적인 장소이다. 소나무들이 둘러서 있고, 입구에는 기원전 4세기의 것으로 추정되는 남방식 고인돌이 있다. 고인돌에 '구지봉석'이라는 글자가 새겨져 있는데, 한석봉이 썼다고 전해진다.

ONE MORE 수로왕비릉, 인도의 공주 김해에 잠들다

구지봉 동쪽 도보 5분 거리의 구릉에 수로왕비릉이 있다. 능 뒤로는 울창한 소나무 숲이 고즈넉하게 자리하고 있다. 〈삼국유사〉에 의하면, 수로왕비는 인도 아유타국의 공주 허황옥이다. 허황옥의 고향을 태국, 또는 중국 남쪽으로 보는 견해도 있다. 허황옥은 우리 역사 최초의 외국 왕비이다. 허황후 이야기는 가야가 바다를 이용해 중국, 동남아시아, 인도와 교류했음을 알려준다. 능 오른쪽 전각에는 허황옥이 부처의 힘으로 풍랑을 가라앉히기 위해 배에 싣고 왔다는 파사석탑이 있다. 2019년 국립중앙박물관이 석탑의 성질을 분석했다. 석영질 사암인 이 돌은 놀랍게도 한반도 남부에 존재하지 않는 것으로 밝혀졌다. 〈삼국유사〉 이야기가 사실일 가능성이 짙어진 셈이다. 📍 김해시 가락로190번길 1

 Sightseeing
연지공원

◎ 김해시 금관대로1368번길 7 📞 055-330-4415
🚌 대중교통 ①부산-김해 경전철 연지공원역 1번 출구에서 약 560m ②버스 2347

김해시민의 휴식처

국립김해박물관, 구지봉, 수로왕비릉까지 돌아보고 나면, 어디 한적한 곳에서 좀 쉬었으면 하는 생각이 든다. 연지공원은 이럴 때 가지 좋은 곳이다. 해반천과 김해대로를 사이에 두고 국립김해박물관 북서쪽으로 대각선에 있어서 거리도 가깝다. 공원 면적은 약 3만 평이고, 공원 가운데에 커다란 호수가 있다. 호수 있그 주변으로 산책길, 공연장, 조각 공원, 연꽃광장이 들어서 있다. 호수 둘레를 따라 1.3km 산책길을 만들어 놓아 걷거나 쉬어가기 좋다. 봄에는 호수 둘레길에 벚꽃이 만발하여 여행자를 가슴 설레게 만든다. 호수 안에는 작은 어리연 꽃이 피어나 그림 같은 풍경을 만들어 준다. 연못의 나무다리를 따라 걸으며 호수를 가까이에서 즐길 수 있어서 더욱 좋다. 봄부터 가을 사이에 여행한다면 잊지 말고 음악분수를 감상해보자. 음악에 맞춰 분수가 춤을 추고, 분수를 스크린 삼아 화려한 영상을 보여주기도 한다. 공원 동쪽의 해반천을 따라 아름다운 카페가 들어서 있어 여유를 즐기기도 좋다.

ⓘ Sightseeing

김해천문대

📍 김해시 가야테마길 254 📞 055-337-3785 🕐 매일 14:00~22:00(월요일과 1월 1일 휴무, 월요일이 공휴일이면 개관)
₩ 전시관 무료 가상 별자리 프로그램 1,500원~3,000원 **천체 관측 프로그램** 2,500원~4,000원 **망원경 조작** 6,500원~8,000원 **별 탐험대(어린이)** 1만 원 ⓘ 주차 가야테마파크 주차장, 천문대 입구 길가

별 보러 가지 않을래?

김해 중심부의 분성산382m 정상에 있는 공립 천문대이자 경남 지역에서 유일한 시민천문대이다. 천문대 건물은 김수로왕의 탄생 설화에 근거하여 알 모양을 형상화하고 있으며, 크게 관측동과 전시동으로 나뉜다. 전시동에는 천체투영실과 전시실이 있다. 시내에서도 보이는 둥근 건물이 전시실인데, 매직 비전, 중력 실험 장치, 푸코진자 등 10여 개의 천문 교육기구를 갖추고 있다. 천체투영실에는 지름 8m의 반구형 스크린에 밤하늘의 별자리를 투영해주는 영사기가 설치되어 있다. 약 20~30분 동안 계절별 별자리, 밤하늘의 별자리 등에 관련된 프로그램이 진행된다. 전시실 옥상에는 전망대가 있어 해 질 녘 시내의 불빛과 일몰이 빚어내는 환상적인 풍경을 즐길 수 있다. 전시동 정면에 관측동이 있다. 관측동엔 2대의 주 망원경과 4대의 작은 망원경이 설치돼 있다. 날씨가 좋으면 고배율 망원경으로 실제 밤하늘을 관측할 수 있다. 프로그램이 알차 자녀와 함께 방문하기 좋다.

 Sightseeing

신어산 은하사

김해시 신어산길 167　055-337-0101　버스 2916

아름다운 산에서 만난 정감 가는 사찰

신어산631m은 김해의 소금강이라 불리는 아름다운 산으로 분성산 북동쪽에 있다. 기암절벽 사이로 구름다리가 있고, 시내 풍경을 내려다보며 등산하는 재미가 있어 많은 사람이 찾는다. 가을에는 등산로 양옆으로 억새밭이 펼쳐져 운치를 더해준다. 이 산은 예로부터 절이 많아 경주 남산에 비견될 만한 불교의 성지로 꼽혔다. 지금도 은하사, 동림사, 천진암, 영구암 등이 있는데, 특히 은하사는 영화 〈달마야 놀자〉2001 촬영지로 유명하다. 하지만 영화로 유명해지기 훨씬 전부터 절 뒤로 바위가 병풍처럼 펼쳐진 멋진 풍경 덕분에 김해시민의 사랑을 많이 받았다. 은하사까지 승용차로 갈 수 있지만, 동림사 일주문이 있는 광장에 주차하고 걸어가길 추천한다. 소나무가 무성한 길을 만끽하며 5분 정도만 올라가면 은하사가 보인다. 연못 위 다리 건너 돌계단에 올라서면 아담하고 소박한 대웅전을 중심으로 은하사 경내가 한눈에 들어온다. 가을이 되면 대웅전 앞마당에 화사하게 핀 목백일홍꽃이 여행자를 반겨준다.

Sightseeing
클레이아크 김해미술관

- 김해시 진례면 진례로 275-51
- 055-340-7000
- 매일 10:00~18:00
  (17:00 매표 마감, 월요일·신정·명절 휴관,
  공휴일인 월요일은 운영하고 다음 날 휴관)
- 성인 2천 원 청소년 1천 원 어린이 500원
- https://www.clayarch.org
- 버스 2951, 1420, 1393

흙과 건축의 만남

김해 시내에서 서쪽으로 약 20km 거리의 진례면에 있는 건축 도자 전문 미술관이다. '클레이아크'란 흙Clay과 건축Architecture을 합친 말이다. 돔 하우스, 큐빅 하우스, 연수관, 체험관 등으로 구성돼 있다. 정문으로 들어서면 알록달록한 타일로 외벽을 장식한 둥근 건물이 돔 하우스이다. 돔 하우스는 클레이아크 김해미술관의 대표 전시관이다. 건물 자체가 하나의 거대한 작품을 연상시킨다. 특히 5,036장의 도자기 타일인 '파이어드 페인팅'Fired Painting, 흙으로 만든 도판 위에 그림을 그려 구운 타일으로 장식한 외벽이 강렬한 인상을 준다. 도넛 모양을 하고 있으며 지하 1층, 지상 2층 규모이다. 큐빅 하우스에는 전시실을 비롯하여 어린이를 위한 키즈 스튜디오와 라이브러리, 카페테리아 등이 있다. 큐빅 하우스 정면을 보고서면 오른쪽으로 돔 하우스와 같이 약 1,000개의 파이어드 페인팅으로 제작된 높이 20m의 클레이아크 타워가 보인다. 돔 하우스와 큐빅 하우스 사이에는 피크닉 공원이 있다. 산책로를 걸으며 잠시 힐링하기 좋다.

# Sightseeing
김해분청도자박물관

◎ 김해시 진례면 진례로 275-35
📞 055-345-6036~7(도자 체험 예약)
🕐 매일 09:00~18:00(월요일, 1월 1일, 구정, 추석 휴관)
₩ 입장료 무료 🚌 버스 2951, 1420, 1393

미술관 옆 박물관

클레이아크 김해미술관 바로 옆에 있다. 김해는 도자기의 고장이다. 조선 전기에 편찬한 〈경상도지리지〉에는 김해의 토산 공물을 '자기'라고 기록하고 있다. 국내 첫 분청자기 전문 박물관이 김해에 들어선 것은 어쩌면 당연한 일이다. 박물관 건물은 우리의 전통 찻사발을 형상화했으며, 앞마당에 전통 가마를 설치하여 분청사기 제작과정을 직접 볼 수 있게 하였다. 전시실에 분청의 개념과 특징, 형태, 제작과정 등을 설명해 놓았으며, 다양한 분청 도자기도 만나볼 수 있다. 2층에서는 도자 체험 프로그램을 운영하고 있으며, 김해지역 도예가들의 작품도 판매한다.

ONE MORE 분청사기 조금 더 알아보기

분청사기는 분장회청사기의 준말이다. 청자는 청자인데 회색으로 분장한 청자라고 이해하면 된다. 청자는 백토로 만드는데, 분청사기는 회색 흙으로 만들기에 이런 이름을 얻었다. 지금이야 흔한 일상품이지만, 1500년대까지 토기나 도기가 아니라 자기를 만들 수 있는 나라는 중국과 우리밖에 없었다. 요즘으로 치면 반도체나 전기차 배터리만큼이나 기술 장벽이 높은 하이테크 산업이었다. 다시 처음 이야기로 돌아가면, 분청사기는 청자가 후퇴하기 시작한 고려 말부터 백자에 밀린 16세기 사이에 크게 유행했다. 최고 전성기는 세종과 세조 대인 15세기였다.

Sightseeing
장유 율하 카페거리

김해시 관동로 106
버스 3-1

그곳엔 낭만이 흐른다

김해 시내에서 남서쪽으로 10km 거리인 장유동 율하신도시에 있다. 관동유적 체육공원과 율하유적공원 사이 주택단지 사이로 많은 카페가 들어서면서 카페거리가 형성되었다. 이곳은 김해뿐만 아니라 부산, 창원, 거제 등에서도 나들이로 많은 사람이 찾아온다. 그야말로 젊은이들의 핫 스폿이다. 아담한 개인 카페에서 대형 프랜차이즈 카페까지 취향에 맞게 골라서 즐기기 좋다. 카페거리 앞에 율하천이 있어 여유를 즐기기도 좋다. 천변에는 꽃과 나무를 심고, 산책로와 휴식공간도 만들어 놓았다. 특히 봄에는 하천을 따라 벚꽃이 꽃 대궐을 이뤄 낭만을 즐기기 좋다.

ONE MORE 율하유적공원과 관동유적체육공원

율하유적공원은 율하신도시 택지지구사업을 위한 지표 조사과정에서 유적이 발굴되어 조성된 것이다. 청동기시대의 주거지와 지석묘, 삼국시대의 석관묘, 고려와 조선의 주거지 등이 발굴되었다. 고인돌과 어우러진 산책로를 걸으며 둘러볼 수 있어 좋다. 토기와 석검, 고인돌 단면 모형 등이 전시된 율하유적전시관도 있으며, 전시관 옆에는 2011년 MBC 프로그램을 통해 세워진 기적의 도서관이 있다. 카페거리 동쪽 끝에는 6세기 후반에서 7세기 무렵의 주거 유적이 있는 관동유적체육공원도 있다. 산책로와 축구장, 족구장 등이 있다.

율하유적공원 김해시 율하동 1350-2 **관동유적 체육공원** 김해시 율하2로 258

RESTAURANT·CAFE & STAY
김해 **맛집·카페·숙소**

 Restaurant
다랑부산면옥
- 김해시 금관대로1368번길 10-1
- 055-328-1120
- 10:00~21:00
- 5,000원~8,000원

깔끔하고 감칠맛 나는 밀면
연지공원의 김해학생체육관 남쪽 길 건너편에 있는 밀면집이다. 실내는 넓지 않지만 늘 손님이 북적인다. 밀면은 한국전쟁 직후 부산에서 처음 등장한 음식으로, 북한에서 피난 온 실향민들이 냉면 대신 먹기 시작했다. 음식을 주문하면 살짝 찌그러진 주전자에 담긴 따끈한 육수, 고추와 된장 그리고 무절임이 나온다. 이어서 커다란 스테인리스 대접에 가득 담긴 밀면이 나온다. 밀면 위에는 삶은 달걀, 무, 오이, 쑥갓, 유부 등 고명이 소복이 얹어져 있다. 다랑어포로 낸 육수는 깔끔하고 감칠맛 난다. 입맛에 따라 식초와 겨자를 추가해도 좋다.

 Restaurant
부원닭발
- 김해시 가락로63번길 8
- 055-333-5282
- 1만 원~2만 원

서상동 닭발 골목의 원조 맛집
닭발은 돼지 뒷고기와 더불어 김해를 대표하는 명물 음식이다. 부원닭발은 수로왕릉에서 남쪽으로 약 400m 거리에 있다. 서상동 골목에 닭발 가게 네 곳이 옹기종기 모여 있는데, 그중 한곳이다. 가게 앞에 닭발 굽는 화로가 놓여있고, 백열등 불빛이 추억을 불러일으킨다. 손님이 가장 많이 찾는 집으로, 맛이 끝내준다. 닭발을 양념해놓았다가 손님이 주문하면 채소와 함께 연탄불로 구워 내온다. 매콤하고 달콤한 맛이 은근히 중독성 있다. 불맛과 쫄깃하게 씹히는 질감이 입맛을 돋운다. 족발과 곰장어먹장어 등의 다른 안주 음식도 판매한다.

 Restaurant
동상시장 칼국수

- 김해시 구지로180번길 27-10
- 10:00~19:30
- ₩ 3,000원

상호 대신 번호가 붙은 칼국숫집

동상시장은 수로왕릉 정문에서 동쪽으로 약 500여 미터 거리에 있는 전통시장이다. 시장 정문에서 먹거리 표지판을 따라가면 상호 대신 번호가 붙은 그 유명한 칼국수 가게들이 나온다. 맨 안쪽에 1호점부터 3호점까지, 또 다른 쪽에 4호점부터 9호점까지 모두 아홉 개 가게가 있다. 가게 크기는 한 칸 정도로 모두 같다. 'ㄷ'자 모양의 대리석 식탁과 기다란 의자가 놓여있어 선술집 분위기가 난다. 메뉴는 칼국수와 당면, 수제비가 전부다. 주문하면 그때야 반죽을 얇게 밀어 썬다. 멸치와 밴댕이, 채소로 육수를 내어 맛이 깔끔하다.

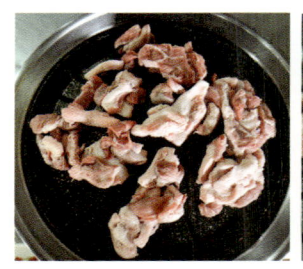  

 Restaurant
한일뒷고기

- 김해시 삼계로1번길 4-18
- 055-331-5432
- 매일 17:30~24:00
- ₩ 4,500원

자투리 고기의 변신

김해 부산 경전철 장신대역 1번 출구에서 남쪽으로 약 400m 거리에 있다. 뒷고기는 주로 볼살이나 눈살, 혀, 항정살 등 돼지의 자투리 고기를 말한다. 최근 방송에 소개되면서 관심이 높아지기 시작하여, 김해의 별미가 되었다. 가게 안에는 선술집의 둥근 탁자가 옹기종기 놓여있어 분위기가 서민적이다. 뒷고기 가격도 저렴하여 1인분에 4~5천 원에 불과하다. 기본 주문량은 3인분이다. 1명이든 2명이 오든 무조건 3인분부터 시작해야 한다. 고기는 모양새가 일정하지 않고 울퉁불퉁하지만, 의외로 쫄깃하고 육즙이 살아있다.

Restaurant
밀양돼지국밥

- 김해시 인제로 91
- 055-337-1790
- 09:00~22:00
- ₩ 7,000원~3만 원

수북한 돼지고기에 대파가 듬뿍

김해 시내에서 북동쪽으로 약 2km 거리의 어방동에 있다. 우리나라 돼지국밥은 크게 세 가지 스타일로 나뉜다. 부산식은 돼지 뼈로 육수를 내고, 대구식은 내장 등 특수 부위를 첨가한다. 반면 밀양식 돼지국밥은 특이하게 소뼈로 육수를 낸다. 음식을 주문하면 숭늉부터 내온다. 국밥에 웬 숭늉인가 싶지만, 구수하여 입맛 살리는 에피타이저로 알맞다. 반찬은 부추, 풋고추, 김치, 새우젓과 마늘 등으로 간단하다. 진한 국물에 돼지고기와 국수, 대파가 듬뿍 들어있다. 여기에 부추를 넣고 새우젓으로 간을 맞추면 천하일미 돼지국밥이 완성된다.

Restaurant
국보숯불장어구이

- 김해시 식만로348번길 25
- 055-339-6969
- 11:00~21:00
- ₩ 2만 원~3만 원

부드럽고 담백한 장어구이

국보숯불장어구이는 부산 김해 경전철 불암역 2번 출구에서 약 800m 거리에 있다. 서낙동강 강변 길을 따라 형성된 장어타운의 중간지점이다. 널찍한 실내에 약 100여 개 좌석과 3개의 방을 갖추고 있다. 장어를 주문하면 특제 장아찌와 생강, 신선초 등 약 20가지의 신선한 밑반찬이 나온다. 장어구이는 부드럽고 담백하여 많이 먹어도 물리지 않는다. 상추와 밑반찬으로 나오는 깻잎장아찌, 명이나물 장아찌에 장어를 싸 먹으면 더욱 맛있게 즐길 수 있다. 식사 후엔 주변 카페에서 서낙동강의 정취를 감상해보자.

흥부네화덕

김해시 율하3로91번길 18-12 055-329-2379 11:00~22:00 피자 14,500원부터

식전 빵, 피자, 파스타 모두 굿

장유동 율하 카페거리에 있다. 가게 앞에 쌓아 놓은 장작이 이곳이 화덕 피자 가게임을 알려준다. 실내에도 장작을 소품처럼 장식해 놓았는데 별장에 온 기분이 든다. 메뉴를 주문하고 나면 난처럼 생긴 식전 빵이 먼저 나온다. 화덕에 구워 불맛이 나고 맛이 쫄깃해서 좋다. 같이 나오는 꿀 소스에 찍어 먹으면 정말 맛있다. 수제 피클도 맛있다. 리코타 치즈가 들어간 식전 샐러드도 나오는데, 맛은 좋지만 다른 채소에 비해 상추가 너무 많은 게 흠이라면 흠이다. 피자는 마르게리타피자부터 스텔라 불고기피자까지 종류가 아홉 가지다. 파스타는 무려 21가지나 된다. 선택의 폭이 넓어 좋지만, 막상 고를 땐 고민도 생긴다. 샐러드, 리소토도 종류가 5가지 안팎이다. 화덕 감베리 그라탱도 있다. 주물 그릇이라 먹는 내내 식지 않아 좋다. 식사를 주문하면 음료를 2천 원에 마실 수 있다. 평일 점심에 방문하면 런치 세트를 즐길 수 있다.

Restaurant
신라가든

- 김해시 진영읍 진영로 464
- 055-342-5354
- 10:00~22:00
- 8,000원~5만 원

잘 숙성된 한우 등심과 갈비

김해 시내에서 북서쪽으로 약 20km 거리의 진영읍 설창사거리 인근에 있다. 주차장이 널찍해서 좋다. 현관에 들어서면 다양한 돌이 전시되어 있어 수석 전시장에 온 느낌이 든다. 메뉴는 돼지갈비와 한우 갈비 가운데 무엇을 선택하든 후회하지 않는다. 한우고기는 숙성이 잘 돼 육질이 부드럽다. 특히 한우 양념갈비는 멈추지 않고 계속 먹게 하는 마성의 맛을 보여준다. 밑반찬의 가짓수가 많지는 않지만, 담백해서 고기 맛을 돋보이게 해준다. 고기를 먹고 난 후에는 된장찌개로 입속을 개운하게 다스려보자. 직접 담근 된장으로 만들어 맛이 깊다.

Restaurant
화포메기국

- 김해시 한림면 한림로 252
- 955-342-6266
- 11:00~21:00
- 8,000원~2만 원

진한 국물의 풍미에 빠지다

김해 시내에서 북서쪽으로 약 15km 거리에 있는 한림면 화포천변의 메기국 맛집이다. 4km 거리에 고 노무현 대통령 묘역이 있다. 노 대통령이 봉하마을로 내려와 찾은 첫 식당이다. 3대째 이어오는 메기국 맛집으로, 메기 뼈를 고아 낸 육수에 발라낸 살을 넣고 다시 2~3시간 푹 고아 만든다. 흙냄새를 잡아 맛이 깊고 담백하다. 일반 가정집을 개조하여 만든 식당으로 외관과 실내는 허름한 편이나 노 대통령이 생전에 여섯 번이나 다녀갔을 만큼 맛은 정평이 났다. 반찬은 고추와 된장, 김치, 묵, 오이김치가 전부다. 메기국 본연의 맛을 방해하는 달거나 짠 반찬이 없다.

Restaurant
대동할매국수

- 김해시 대동면 동남로45번길 8
- 055-335-6439
- 09:00~18:30(주말은 18:00까지)
- 3,000원~4,000원

바닷바람에 말려 짭조름한 국수

김해 시내에서 동쪽으로 약 12km 거리의 대동면에 있다. 1959년 개업하였으며, 부산의 대표 국수로 유명한 구포국수의 원조 맛집이다. 이 집 육수는 멸치 곰국이라 불리는데, 배를 가르지 않은 통멸치와 솔치송사리를 넣고 4시간 푹 고아 만든다. 약간 쌉쌀한 맛이 나는데, 땡초청양고추를 살짝 넣으면 중화되어 깊은 맛을 느낄 수 있다. 바닷바람에 말린 짭조름한 국수 위에 부추, 단무지, 김, 깨소금, 양념장이 올려지고, 여기에 육수를 부어 먹는다. 비빔국수는 특이하게 고추장 양념이 없이 약간의 육수에 참기름을 넣고 비벼 먹는다.

Cafe
폴인커피

- 김해시 구지로 102
- 055-324-0205
- 10:00~23:00
- 6,000원~9,000원
- 주차 가능

분위기, 커피 맛 모두 최고!

대성동 고분군 근처에 있는 카페이다. 주차장이 넓어 이용하기 편리하다. 실내는 2층으로 되어 있으며, 벽면의 붉은벽돌이 앤티크 소품과 어우러져 차분하면서도 빈티지 느낌을 준다. 커피 관련 기구들도 전시하고 있다. 2층에는 베란다도 있어 날씨 좋은 날 야외 철제 탁자에 앉아 여유를 즐기기 좋다. 분위기만 좋은 카페가 아니다. 로스팅 공간을 갖추고 있으며, 바리스타 양성 교육도 하는 전문성을 가진 카페이다. 다양한 종류의 드립 커피를 즐길 수 있으며, 깊고 풍부한 커피 향이 편안한 휴식을 선사한다.

 Cafe
그랑바

◎ 김해시 금관대로1368번길 8-1 📞 010-2255-4824 🕐 11:00~23:00
₩ 5,000원~6,000원 ⓘ 주차 연지공원 김해학생체육관 주차장 이용 ≡ 인스타그램 grangva_cafe

연지공원 옆 세련된 힐링 카페

연지공원의 김해학생체육관 바로 건너편에 있다. 인근에 맛집인 다랑 부산면옥도 있어 식사와 힐링에 커피까지 모두 한 번에 해결하기 좋다. 외부 인테리어 테마는 철이다. 쇠와 유리가 어우러져 전체적으로 간결함과 미적 감각이 돋보인다. 하지만 실내로 들어서면 분위기가 바뀐다. 조형미가 돋보이는 나무 장식과 커다란 원목 장식장이 분위기를 부드럽고 따뜻하게 해준다. 나무 탁자와 자주색과 아이보리빛 의자도 이런 분위기를 북돋아 준다. 1층에 들어서면 주방을 바라보고 앉을 수 있는 자리를 추천한다. 주방 벽면의 원목 장식장에 다양한 커피잔이 전시되어 있어 보고 있으면 기분이 절로 좋아진다. 2층에서는 넓은 유리창 너머로 바깥 풍경을 즐기며 커피 한 잔의 여유를 만끽하기 좋다. 그랑바는 '사람들이 어우러져 서로 돕고 즐기며 사는 세상의 휴식 장소'라는 뜻이다.

 Cafe
커피산책 2호점
- 김해시 구산로10번길 15
- 051-522-5545
- 10:30~23:00
- ₩ 4,000원~8,000원

편안하면서도 세련된
김해 시내를 좌우로 가르는 구산동 해반천의 연지교와 연지제1교 사이에는 멋진 카페가 꽤 들어서 있다. 커피산책 2호점도 그중 하나이다. 본점은 김해 북쪽 외곽 생림면에 있어 시내를 여행한 후에는 2호점을 찾아가기가 더 편하다. 이곳의 인테리어 테마는 벽돌이다. 거친 벽돌 느낌을 그대로 살린 벽면에 화분, 액자, 전등 등 밝은 소품을 더하여 편안하면서도 세련된 분위기를 연출하고 있다. 카운터에 주문하면, 커피를 앉은 자리까지 가져다준다. 커피 종류에 따라 과자가 곁들여져 나온다. 서쪽으로 해반천과 김해대로를 건너면 연지공원이 나온다.

 Cafe
달카페
- 김해시 식만로 354-41
- 055-324-5514
- 10:30~23:00
- ₩ 4,000원~8,000원

서낙동강 전망과 아기자기한 인테리어
장어타운 근처에 있는 커피와 디저트 전문 카페이다. 카페 앞으로 서낙동강이 흐르고 카페 앞길에 장미담장이 이어져 보기만 해도 마음이 즐거워진다. 해 질 녘 풍광은 더 매력적이다. 실내 분위기는 오밀조밀하다. 클래식한 탁자와 의자가 있는가 하면 현대적인 가구가 등장하여 구경하는 재미가 있다. 주인 부부의 정성과 손길이 묻어 있어 카페는 깔끔하고 정결하다. 방처럼 꾸며진 공간도 있고 탁 트인 공간도 있다. 아늑한 분위기에서 비밀스럽고 정겨운 담소를 나누기 좋다. 장어타운에서 식사를 한 후 여유를 즐기기 좋다.

Cafe
메리고라운드

- 김해시 관동로 106
- 010-6426-4912
- 월~목 11:00~20:30
  금~일 11:00~22:00
  휴무 첫째 셋째 월요일 휴무
- ₩ 4,000원부터
- 주차 가게 앞 길가

감성 가득한 인스타 카페

김해시 장유동의 율하 카페거리에 있다. 카페거리에서 핫한 카페 가운데 하나인데, 특히 인테리어가 예뻐서 사진찍기 좋다. 분위기가 화사한 듯 부드러워 인스타그램에서도 자주 볼 수 있다. 커피뿐 아니라 디저트도 제법 다양하다. 디저트 중에서 바스크 치즈케이크의 인기가 많다. 달큼하고 입에서 녹는 듯 부드러워 자꾸 손이 간다. 아메리카노 등 어떤 커피와도 잘 어울린다. 아침에 방문하거나 테이크아웃 하면 1천 원을 할인해준다. 한 가지 아쉬운 점은 카페거리의 카페들이 대부분 그렇듯 길가에 주차해야 한다는 점이다.

Cafe
Stay896

- 김해시 율하카페길 89-6
- 0507-1327-0896
- 매일 11:00~23:00
  휴무 첫째·셋째 화요일
- ₩ 3,500원부터
- 주차 가게 앞 주차

좌식 룸을 갖춘 로스팅 카페

장유의 율하 카페거리에 있다. 핑크빛 의자가 공주동을 연상시키지만, 최고급 원두로 커피의 풍미와 향을 지키는 카페이다. 이 카페의 또 다른 특징은 좌식 룸을 갖추고 있는 점이다. 방이 넓고 전기 콘센트도 많아 노트북을 들고 공부하러 오는 손님이 많다. 좌식 룸이 만석일 때에는 이용 시간을 2시간으로 제한한다. 치즈케이크, 딸기 생크림 케이크 등 디저트도 즐길 수 있다. 가게에서 1분 거리에 율하천이 흐르고, 율하천을 건너면 율하유적공원이다. 고인돌과 산책로가 있고, 공원 한쪽에 유적전시관도 있어서 잠시 역사 산책하기 좋다.

Stay
김해한옥체험관

- 김해시 가락로93번길 40
- 055-322-4735
- 주중 4만4천 원~8만 원
  주말 6만 원~10만 원
- https://www.ghhanok.or.kr

숙박부터 전통문화 체험까지

시내 중심가에 있어 이용하기 편리하다. 길 건너편에 수로왕릉이 있고 대성동 고분과 봉황대 공원도 멀지 않다. 조선 시대 사대부 가옥을 재현하여 규모가 웅장하다. 안채, 사랑채, 별채 등에 13개의 객실을 갖추고 있으며, 예쁜 정원, 장독대, 곳간 등도 있어 돌아보기 좋다. 숙박뿐 아니라 다양한 체험도 가능하다. 한복을 입고 예절을 배울 수 있으며, 한지공예나 전통음식 만들기 등 전통문화체험도 할 수 있다. 주말에는 염색체험, 전시회와 공연 등 다채로운 행사가 열린다. 한옥의 아름다움을 만끽하며 다양한 경험을 할 수 있는 매력적인 숙소이다.

Stay
아이스퀘어호텔

- 김해시 김해대로 2360
- 055-344-5000
- 36만 원부터

김해평야를 한눈에 담다

부산 김해 경전철 부원역 1번 출구에서 도보로 약 3분 거리에 있다. 여객터미널버스터미널이나 김해공항과의 교통 연결도 편리한 편이다. 김해 최초의 특급호텔로 지상 16층 규모에 181개의 객실을 갖추었다. 그밖에 900여 명을 수용할 수 있는 그랜드볼룸을 비롯하여 콘서트홀, 클래식 홀 등 다양한 연회장과 피트니스센터, 비즈니스센터 등 부대시설을 갖추고 있다. 호텔 바로 옆에는 쇼핑몰과 마트가 있으며, 백화점과 워터파크도 멀지 않아 이용하기 편리하다. 고층의 객실에서는 김해평야나 시내 야경을 한눈에 담을 수 있어 좋다.

Stay
파인그로브호텔
◎ 김해시 번화1로67번길 20
☎ 055-310-1100
₩ 13만 원부터

소나무와 수석으로 꾸민 테라스
장유 율하 카페거리에서 멀지 않은 곳에 있는 3성급 호텔이다. 2014년에 오픈하였으며, 지상 8층 72실 규모로 김해 롯데워터파크와도 가깝다. 각 층 테라스마다 구불구불 자연미가 가득한 소나무와 수석으로 꾸며놓은 것이 특징이다. 밖이나 실내 어디서 보아도 한 폭의 그림 같아 환상적인 분위기를 자아낸다. 실내는 모던한 분위기의 흰색 조 인테리어에 우드톤 가구를 배치해 놓아 차분하고 따뜻한 느낌을 준다. 9층에는 일식 레스토랑이 있으며, 10층에는 하늘정원이 있어 시원한 뷰를 즐기며 여유를 만끽하기 좋다.

 Stay
김해천문대펜션
◎ 김해시 생림면 인제로611번길 45
☎ 0507-1394-6666
₩ 12만 원~75만 원

한국의 아름다운 펜션 대상 수상
김해 시내에서 북쪽으로 약 8km 거리의 생림면에 있다. 펜션 이름으로는 바로 옆에 천문대가 있을 것 같지만, 실제 김해천문대는 약 5km 거리에 있다. '한국의 아름다운 펜션 대상'을 수상한 곳으로, 펜션 좌우로 산자락이 뻗어있고 수목원처럼 아름다운 조경과 경관을 자랑한다. 정문에 들어서면 정원 가득한 나무와 꽃, 바위들이 줄지어 서서 여행자를 맞이해준다. 예술적으로 허리가 휜 소나무들이 저마다의 자태를 뽐낸다. 넓은 주차장, 족구장, 수영장, 분재공원 등의 부대시설도 갖추고 있다. 다양한 객실이 있어 개인은 물론 단체도 이용하기 좋다.

Index 찾아보기

경주

ㄱ
987피자 84
감은사지 77
경주국립박물관 44
경주 남산 62
경주 동궁원 68
경주세계문화엑스포공원 72
경주역사유적지구 17
경주 오릉 53
경주원조콩국 86
경주테디베어박물관 70
경주한옥펜션 106
경주 황남빵 96
계림 49
골굴사 76
골목횟집 92
괘릉 74
교리김밥 89
교촌마을 46
금성관 88
금장대 57
김시습 63
김유신장군묘 59

ㄴ
남정부일기사식당 90
노동리고분 39
노벨라펜션 107
노서리고분 39

ㄷ
대릉원 38
대왕암 78
도봉서당 105
독락당 83, 113
동궁 42

ㄹ
라궁 106
라한셀렉트경주 108

ㅁ
만송정 112
망원동티라미수 94
맷돌순두부찌개 91
명동쫄면 87

ㅂ
반도불갈비식당 88
반월성 50
백년찻집 101
베니키아 스위스로젠 109
별그린펜션 110
별채반교동쌈밥 85
보문단지 69
분황사 51
불국사 16, 64
블루원워터파크 73
바단벌레차 37

ㅅ

산죽마을한옥호텔 111
산죽한정식 92
삼릉고향손칼국수 91
삼릉숲 55
서악동고분 60
서악서원 105
석굴암 15, 66
성덕대왕신종 45
소나무정원 99
소노벨경주 108
숙영식당 87
슈만과 클라라 98
스위트호텔경주 109
스타트커피 102
신라역사과학관 75

ㅇ

아트인티아라펜션 110
양남주상절리 79
양동마을 17, 80
어마무시 97
어썸 41
옥산서원 18, 82
원성왕릉 74
월성 50
월암재 104
월정교 48
월지 42, 43
이견대 77
이스트앵글 베이커리카페 103

ㅈ

종오정 112
중앙시장 야시장 56

ㅊ

천마총 39
첨성대 36
최부잣집 47
최씨고택 47

ㅋ

카페 바담 100
카페 봄날 95
커피플레이스 노동점 95

ㅌ

태종무열왕릉 60

ㅍ

포석정 54

ㅎ

한국대중음악박물관 71
한성미인 93
해비치펜션 113
화랑의 언덕 61
황남관한옥호텔 104
황남 아덴 41
황남빵 96
황룡사지 52
황리단길 40
황성공원 58
힐튼호텔경주 107

안동

ㄱ
까치구멍집 헛제사밥 151
거창숯불갈비 151
경당종택 162
고산정 144
골목안손국수 152
구름에 159
권정생 동화 나라 146
권정생 생가 146
권정생 어린이문학관 146
김성일 135

ㄴ
낙강물길공원 132
노송정 고택 142
농암종택 145, 163

ㄷ
달그림자 158
도산서원 21, 140

ㄹ
락고재 158

ㅁ
만대루 127
만휴정 149
말콥버거 153
맘모스베이커리 156
묵계서원 149
묵계종택 148

ㅂ
법흥사지7층전탑 133
병산서원 19, 127

봉정사 20, 136
봉정사 극락전 137
봉정사 대웅전 137
부용대 125

ㅅ
석빙고 129
선성현객사 129
신세동 벽화마을 134

ㅇ
안동군자마을 138
안동리첼호텔 159
안동민속촌 130
안동민속박물관 130
안동선비순례길 142
안동파크관광호텔 160
안동호텔 160
안동화련 154
양진당 125
옥야식당 152
월영교 128
유교랜드 131
유교문화박물관 139
의성김씨 종택 147
이상룡 121, 133
이육사 143
이육사문학관 143
이현보 145
일직식당 150
임청각 133, 161

ㅈ
주리론 141
지례예술촌 163

ㅊ
충효당 125
치암고택 161

ㅋ
카페 라이프 155
카페 세븐스트릿 157

ㅌ
퇴계종택 141
퇴계태실 142

ㅎ
하회마을 18, 124
하회별신굿탈놀이 126
하회세계탈박물관 126
학봉종택 135, 162
허브마을 온뜨레피움 131
헛제삿밥 121

공주

ㄱ
갑사 172, 182
고가네칼국수 187
곰골식당 187
공산성 169, 174
공주한옥마을 195
국립공주박물관 178
금강관광호텔 194
김구 171, 173

ㄷ
동학사 183

ㄹ
라루체 190
루치아의 뜰 193

ㅁ
마곡사 23, 171, 184
맛깔 186
명성불고기 185
무령왕 177
무령왕릉 170, 176
미세스피베리 193

ㅂ
바흐 192
백제역사유적지구 22
베이커리 밤마을 191

ㅅ
석장리선사유적지 181
송산리 고분군 176
시장정육점식당 185

ㅈ
중동성당 179
중동오뎅집 188
지석 176, 177
진흥각 188

ㅊ
청양분식 186

ㅌ
태화식당 189

ㅍ
프로비던스 194

ㅎ
황새바위성지 180
황해도 전통손만두국 189

부여

ㄱ
구드래돌쌈밥 221
국립부여박물관 207
궁남지 203, 204, 206
금사리성당 217
김시습 218

ㄴ
나루터식당 222
낙화암 209
능산리고분군 213

ㄷ
돌식당 223

ㄹ
롯데리조트부여 230

ㅁ
만수산 자연휴양림 230
무량사 218

ㅂ
백마강 210
백제금동대향로 203, 204, 207
백제문화단지 204, 214
백제의 집 219

백제향 228
백화정 208
본가석갈비 220
부소산 202, 208
부소산성 202, 208
부여 201
부여 전통한옥펜션 231

ㅅ
사랑나무 205, 216
사바랭 225
사비성 215
삼천궁녀 209
삼호식당 224
서동한우 220
성흥산성 205, 216
시골통닭 223
신동엽문학관 212

ㅇ
at 267 226

ㅈ
장원막국수 222
정림사지 204, 211
정림사지5층석탑 211
G340 226

ㅋ
카페 하품 227
Q카페 228

ㅎ
합송리 994 229
황포돛배 210

김해

ㄱ
가락국 238, 239, 240
관동유적체육공원 254
구지가 237
구지봉 248
국립김해박물관 247
국보숯불장어구이 257
그랑바 261
김수로왕 238, 240, 243
김수로왕릉 243
김해분청도자박물관 253
김해천문대 241, 250
김해천문대펜션 265
김해한옥체험관 244, 264

ㄷ
다랑부산면옥 255
달카페 262
대동할매국수 260
대성동고분군 240, 246
동상시장 칼국수 256

ㅁ
메리고라운드 263
밀양돼지국밥 257

ㅂ
봉하마을 240, 242
봉황대공원 240, 245
부원닭발 255
분청사기 253

ㅅ
수로왕비 248
수로왕비릉 248
Stay896 263
신라가든 259
신어산 251

ㅇ
아이스퀘어호텔 264
연지공원 249
율하유적공원 254
은하사 251

ㅈ
장유 율하 카페거리 254

ㅋ
커피산책 2호점 262
클레이아크 김해미술관 241, 252

ㅍ
파인그로브호텔 265
폴인커피 260

ㅎ
한일뒷고기 256
화포메기국 259
흥부네화덕 258
허황옥 239

하루쯤 옛 도시 여행

지은이 이학균

초판 1쇄 발행일 2021년 4월 25일

기획 및 발행 유명종
편집 이지혜
디자인 이영조
조판 신우인쇄
용지 에스에이치페이퍼
인쇄 신우인쇄

발행처 디스커버리미디어
출판등록 제 2021-000025호(2004. 02. 11)
주소 서울시 은평구 진관4로 17, 6019-201
전화 02-587-5558

ⓒ 이학균, 디스커버리미디어, 2021

ISBN 979-11-88829-20-0 13980

*이 책은 저작권법에 따라 보호받는 저작물이므로 무단 전재와 무단 복제를 금합니다.
 이 책의 전부 또는 일부를 이용하려면 반드시 저자와 디스커버리미디어의 서면 동의를 받아야 합니다.
*사진을 제공해준 경주시와 e뮤지엄, 국립중앙박물관, 국립경주박물관, 블루원워터파크, 유교문화박물관, 국립공주박물관, 국립부여박물관, 국립김해박물관, 대성동고분박물관, 전성영 작가, 그리고 그밖의 기관과 단체, 기업, 개인에게 감사드립니다.
*표지 일러스트 작업을 해준 문신기 작가님께 감사드립니다.